KB191760

논 · 술 · 세 · 계 · 대 · 표 · 문 · 학

50

사람은 무엇으로 사는가

레프 톨스토이 | 김현경 엮음

사람에게는 얼마만큼의 땅이 필요한가 · 바보 이반
두 노인 · 사랑이 있는 곳에 신이 있다 · 작은 악마의 앙갚음

 훈민출판사

체호프(왼쪽), 고리키(가운데)와
함께한 톨스토이

The Best World Literature

말을 타고 가는 톨스토이

농민과 어린이들 사이에 있는 톨스토이 – 톨스토이는 만년에 모든 것을 버리고, 농민들 속으로 들어가 생활했다.

러시아의 성바실리 사원

러시아의 농촌 풍경

톨스토이가 살던 당시의 러시아 농민들의 비극적인 삶 – 시베리아로 이주하던 한 가족의 가장이 죽음을 맞이하자 그의 부인이 울부짖고 있다.

The Best World Literature

톨스토이의 자필 데생 – 톨스토이는 원고지 여백에 작중 인물을 그려 가면서 글을 썼다고 한다.

영화로 만들어진 〈안나 카레니나〉

구인환(丘仁煥)

서울대학교 사범대학 졸업. 동 대학원 졸업(문학박사)
서울대학교 명예교수, 소설가(현). 서울대학교 사범대학 국어교육연구소 소장(현)
문학과문학교육연구소 소장(현). 국제펜 한국본부 부회장(현)
한국소설문학상(1987). 예술문화대상(1994). 한국문학상(2000)
작품 〈숨쉬는 영정〉, 〈살아 있는 날들〉, 〈일어서는 산〉 외 다수

• **저서** 《한국단편소설의 이해》, 《한국현대소설의 비평적 성찰》,
　　《고교생이 알아야 할 소설》, 《고교생이 알아야 할 세계단편소설》 외 다수

윤병로(尹柄魯)

성균관대학교 국어국문학과 졸업. 동 대학원 졸업(문학박사)
성균관대학교 교수, 문학평론가(현). 한국현대소설학회장(현)
한국문예학술저작권협회 이사(현). 한국간행물윤리위원회 위원(현)
한국펜 문학상(1987). 한국문학상(1988). 대한민국문학상(1989)
수필집 《나의 작은 애인들》 외 다수

• **저서** 《현대 작가론》, 《한국 현대 소설의 탐구》,
　　《한국 근대 작가 작품 연구》, 《한국 현대 작가의 문제작 평설》 외 다수

홍성암(洪性岩)

고려대학교 국어국문학과 졸업. 한양대학교 대학원 국어국문학과 졸업(문학박사)
동덕여자대학교 교수, 소설가(현). 한국문인협회 회원(현)
한국소설가협회 이사(현). 국제펜 한국본부 소설분과 이사(현). 한민족 문화학회 회장(현)
창작집 《큰 물로 가는 큰 고기》, 《어떤 귀향》 외
대하역사소설 《남한산성》 (전9권) 외 다수

• **저서** 《문학의 이해》, 《현대 작가론》, 《한국 근대 역사소설 연구》 외 다수

기획 · 감수

러시아 이반 대제의 종루

논술 *세계대표문학*을 펴내며

　21세기의 사회는 '**전자 문명 시대**'라 일컬어질 만큼 오늘날 전자 산업은 우리 생활의 거의 모든 분야에 다양하게 응용되고 있습니다. 출판 분야 또한 예외는 아니어서, 종래의 서책(Book) 대신에 이른바 '전자책(CD-ROM)'의 출간이 최근 들어 날로 증가하고 있습니다.

　그러나 이러한 전자책은 영상 또는 모니터상으로 흥미 위주나 백과사전식 지식을 습득하는 데는 효과적일지 모르지만, 문학 공부를 위해서는 별로 도움이 되지 않습니다. 바꾸어 말하면, 문학 공부는 각 지면마다 살아 숨쉬는 표현 하나하나를 독자 자신의 머리로 음미하면서 작품을 읽어 나가는 가운데, 풍부한 상상력의 배양과 함께 작가의 의도와 그 작품의 내면을 깊이 있게 이해함으로써 이루어지는 것입니다.

　이에 훈민출판사에서는, 자라나는 학생들이 범람하는 영상 매체에 길들여지기 전에, 어려서부터 유명한 세계문학 작품들을 책자를 통하여 감명 깊게 읽고 감상함으로써, 올바른 문학 공부의 기틀을 다지고, 아울러 전인 교육도 할 수 있도록 《논술 세계대표문학(전60권)》을 펴내게 되었습니다.

　작품 선정은, 초·중·고등학교 국어 교과서와 역사 교과서에 실리거나 소개된 문학 작품을 중심으로 하되, 그리스 신화와 성경 이야기 등의 고전에서부터 중세·근대·현대에 이르기까지 세르반테스·셰익스피어·톨스토이 등 세계 유명 작가들의 장·단편 소설들을 엄선·수록하였습니다. 또 세계의 명시도 별권으로 엮었으며, 특히 각 단락마다 '**논술 문제**'를 제시하여, 장차 대학입시를 비롯한 각종 '논술 고사'에 예비 지식을 쌓을 수 있도록 배려하였습니다. 아무쪼록, 이 《논술 세계대표문학(전60권)》이 자라나는 학생들에게 문학 공부의 주춧돌이 되고, 나아가 미래를 살아가는 데 **정신적 자양분**이 되기를 진심으로 바라 마지않습니다.

훈민출판사

차례

사람은 무엇으로 사는가

사람에게는 얼마만큼의 땅이 필요한가/ 비보 이반/
두 노인/ 사랑이 있는 곳에 신이 있다/ 작은 악마의 앙갚음/

톨스토이

지은이

1828~1910년. 러시아의 툴라 근방에서 출생. 주로 가정교사의 교육을 받다가 1844
년 카잔 대학에 입학했지만 곧 학교를 그만두었다. 귀족이었던 그는 젊었을 때 상류 사회
의 사교 클럽에서 시간을 보냈으나 곧 군에 입대하였다. 군대에서 쓴 처녀작 〈유년 시대〉
를 익명으로 발표하여 문단의 시선을 끌었고, 이후 〈소년 시대〉, 〈세바스토폴 이야기〉를
발표하면서 작가로서의 지위를 확고하게 다졌다.
1862년 소피아 안드레예브나와 결혼한 뒤 문학에 더욱 정진하여 〈전쟁과 평화〉, 〈안나
카레니나〉, 〈참회록〉, 〈부활〉 등 많은 문학 작품과 사상서를 발표했다. 그러나 가정 생활의
불행과 모순을 견디다 못한 톨스토이는 1910년 집을 나왔다가 아스포보 역에서 82세
의 나이로 세상을 떠나고 말았다.

사람은 무엇으로 사는가

우리가 형제를 사랑하므로 죽음에서 옮겨 생명으로 들어간 줄을 알거니와 사랑치 아니하는 자는 사망에 거하느니라(요한 1서 제3장 제14절).

누가 이 세상 재물을 가지고 형제의 궁핍함을 보고도 도와줄 마음을 막으면 하나님의 사랑이 어찌 그 속에 거할까 보냐(요한 1서 제3장 제17절).

자녀들아 우리가 말과 혀로만 사랑하지 말고 오직 행함과 진실함으로 하자(요한 1서 제3장 제18절).

사랑하는 자들아, 우리가 서로 사랑하자. 사랑은 하나님께 속한 것이니 사랑하는 자마다 하나님께로 나서 하나님을 알고(요한 1서 제4장 제7절).

사랑하지 아니하는 자는 하나님을 알지 못하나니, 이는 하나님은 사랑이심이라(요한 1서 제4장 제8절).

어느 때나 하나님을 본 사람이 없으되 만일 우리가 서로 사랑하면 하나님이 우리 안에 거하시고 그의 사랑이 우리 안에 온전히 이루느니라 (요한 1서 제4장 제12절).

하나님이 우리를 사랑하시는 사랑을 우리가 알고 믿었노니 하나님은 사랑이시라. 사랑 안에 거하는 자는 하나님 안에 거하고 하나님도 그 안에 거하시느니라(요한 1서 제4장 제16절).

누구든지 '하나님을 사랑하노라' 하고 그 형제를 미워하면 이는 거짓 말하는 자이니, 보는 바 그 형제를 사랑치 아니하는 자가 보지 못하는 바 하나님을 사랑할 수가 없느니라(요한 1서 제4장 제20절).

1

한 구두장이가 아내, 아들과 함께 어느 농부의 집에 세 들어 살고 있었다. 자기 집도 없고 땅도 없이, 그는 구두를 만들고 수선하는 일만으로 가족을 부양하며 지냈다. 빵값은 비싸지만 구두 삯은 너무 싸서, 그가 번 돈은 모두 먹을 것을 구하는 데 들어갔다. 그와 아내가 번갈아 입는 한 벌밖에 없는 털외투는 다 해져 누더기가 되어 버린 지 오래였다. 그들은 새 털외투를 지을 양털을 사려고 2년째 벼르고 있었다.

가을이 되자 구두장이 세몬에게는 약간의 돈이 모였다. 아내의 장롱에 넣어 둔 3루블, 농부들에게 빌려 준 돈이 5루블 20코페이카 정도 되었던 것이다.

아침식사를 끝내자마자 세몬은 양피를 사러 갈 준비를 했다. 루바슈카 위에 아내의 무명 겉옷을 껴입고, 그 위에 긴 나사 외투를 걸쳤다. 그리고 호주머니에 3루블을 넣은 뒤 나뭇가지를 꺾어 지팡이를 만들어

가지고 길을 떠났다. 그는 마음속으로 이렇게 생각했다.

'마을 사람들에게 5루불을 받으면 가지고 있는 돈 3루불을 보태서 새 외투를 만들 양피를 사야겠어.'

마을 읍내에 이르러 세몬은 어느 농부 집을 찾아갔다. 그러나 주인은 집에 없고, 그 아내가 일주일 안으로 돈을 보내겠다는 약속만을 할 뿐 돈을 갚지는 않았다. 그는 다른 농부의 집에 갔다. 그 농부는 돈이 한 푼도 없다고 신께 맹세하며 장화 고친 값 20코페이카만을 주었다. 세몬은 하는 수 없이 외상으로 양털을 사려고 했지만, 가죽 장수는 외상을 주려 하지 않았다.

"먼저 돈을 가지고 와요. 그러면 좋은 것을 줄 테니까. 외상값은 받기가 너무 어렵거든."

세몬은 결국 구두 고친 값 20코페이카와, 어느 농부에게서 낡은 털장화에 가죽을 대는 일을 맡았을 뿐이었다.

돌아오는 길에 세몬은 속이 상해 그 20코페이카로 보드카를 마셔 버렸다. 그는 양털도 사지 못한 채 집을 향해 걸음을 옮겼다. 아침에는 날씨가 좀 추운 것 같더니 술을 한잔 마시자 털외투를 입지 않았는데도 몸이 후끈거렸다. 세몬은 걸어가면서 한 손에 든 지팡이로 울퉁불퉁 얼어붙은 땅을 두드리고, 다른 손에 든 털장화를 휘두르며 중얼거렸다.

"털외투를 입지 않아도 따뜻하잖아. 작은 병 하나를 다 마셨더니 온몸이 후끈거려. 털외투 따위 필요 없어. 난 사나이야! 암, 그렇고말고. 그런 건 없어도 돼! 그런 거 없어도 평생 동안 잘 살 수 있다고. 단지 마누라가 가만 있지 않을 거란 말이야. 그게 좀 맘에 걸리는군. 나는 죽어라 열심히 일해도 사람들이 나를 업신여기는걸. 이번에 돈을 안 주면 모자를 빼앗아 버려야지. 암, 그렇고말고. 그런데 이게 말이 되느냐고? 돈을 20코페이카씩 찔끔찔끔 주다니! 흥, 20코페이카로 뭘 하란 말이야? 술밖에 더 마시겠어? 생활이 어렵다고? 흥, 나는 어렵지 않은가? 이봐, 너희들은 집도 있고 소도 있고 말도 있지만, 나는 빈털터리야. 너희들은 너희들 손으로 만든 빵을 먹어도 나는 사서 먹어야만 한다고. 아무리 절약해도 일 주일에 빵값 3루블은 나가야 해. 집에 가면 빵이 없을 테니 1루블 반을 또 내놔야 하겠지. 그러니까 너희도 내 돈을 갚아 줘야겠어."

어느 새 세묜은 길모퉁이 교회까지 왔다. 그런데 교회 뒤에 뭔가 하얀 것이 보였다. 이미 날이 어두워져서 자세히 바라봐도 무엇인지 알 수가 없었다.

"여기에 돌 같은 건 없었는데, 소인가? 그러나 짐승 같지도 않아. 머리는 사람 같은데 너무 하얗군. 사람이 이런 데 있을 리는 없고."

세묜은 더 가까이 다가갔다. 그러자 물체가 이제 분명하게 보였다. 그런데 이게 웬일인가. 사람이었다. 살았는지 죽었는지 벌거벗은 몸으로 교회 벽에 기대앉아 꼼짝하지 않고 있었다. 순간 세묜은 무서운 생각이 들었다.

'누군가가 이 사나이를 죽이고 옷을 벗겨 가져가 버린 모양이야. 너무 가까이 다가갔다가 나중에 무슨 일을 당할지도 몰라.'

세묜은 그냥 지나가 버렸다. 교회 모퉁이를 돌자 사나이의 모습은 더 이상 보이지 않았다. 그러나 교회를 좀 지나 뒤돌아보자 그 사나이는 벽에서 몸을 일으켜 움직이기 시작했다. 어쩐지 이쪽을 바라보는 것 같았다. 세묜은 덜컥 겁이 나서 생각했다.

'다시 가까이 가 볼까? 아니면 그냥 지나쳐 버릴까? 곁에 갔다가 무슨 봉변이라도 당하면 어떡하지? 어떤 놈인지 전혀 모르니까……. 아무튼 좋은 일을 하고 이런 데 왔을 리는 없지. 곁에 가면 벌떡 일어나 내 목을 조를지도 몰라. 그러면 꼼짝없이 죽는 수밖에. 설령 죽이지

않더라도 좋지 않은 일을 당하게 될지도 몰라. 그나저나 저 벌거숭이를 어쩌면 좋담? 내 옷을 벗어 줄 수도 없고. 제발 하나님, 무사히 지나가게 인도해 주소서!'

마음속으로 기도를 하며 세묜은 걸음을 재촉했다. 그러나 교회 앞을 지나치자 양심의 가책이 들기 시작했다.

그는 길 한가운데 우뚝 서서 자신을 꾸짖었다.

'도대체 넌 지금 무얼 하는 거야? 사람이 불행한 일을 당해 목숨을 잃어 가고 있는데, 단지 겁이 난다는 이유로 못 본 척 지나쳐 버리다니. 네가 부자라도 된단 말이냐? 가진 재산을 빼앗길까 봐 겁이 나는가? 그렇게 행동하면 안 돼, 세묜!'

결국 세묜은 발길을 돌려 사나이 곁으로 갔다.

2

사나이 곁으로 다가가 자세히 살펴보니, 젊고 튼튼한 사내였다. 몸에는 얻어맞은 흔적도 없었다. 그러나 추위 때문에 웅크리고 벽에 기댄 채 세묜을 쳐다보려 하지도 않았다. 너무나 지친 나머지 눈을 뜰 힘조차 없어 보였다.

그러나 세묜이 가까이 다가가자, 사나이는 그제서야 정신이 드는지 고개를 돌리고 눈을 뜨며 세묜을 바라보았다. 그의 눈매를 보는 순간 세묜은 사나이에 대한 동정이 솟아났다. 세묜은 털장화를 땅바닥에 내동댕이치고 허리끈을 풀어 장화 위에 놓은 다음 긴 외투를 벗었다.

"자, 이야기는 나중에 하고 어서 옷을 입어요!"

세묜은 양팔로 사나이를 부축하여 일으키려 하였다. 사나이는 겨우 일어섰다. 세워 놓고 보니, 날씬하고 훤칠한 몸매에, 손발도 곱고 귀엽게 생긴 얼굴이었다. 세묜은 그에게 긴 외투를 걸쳐 주었지만, 그는 소매에 팔을 넣지 못했다. 세묜은 두 팔을 끼워 주고 옷자락을 잡아당겨 앞을 여민 다음 허리끈을 매어 주었다.

세묜은 자기가 쓰고 있던 헌 모자도 벗어서 사나이에게 씌워 주려고 하였다. 그러나 자기 머리도 추워 이렇게 생각했다.

'나는 대머리지만 이 사나이는 고수머리가 길게 자랐으니까 나보다는 괜찮을 거야.'

그는 다시 모자를 썼다.

'차라리 신발을 신겨 주는 게 낫겠어.'

세묜은 사나이를 앉히고 털장화를 신겨 주었다. 사나이에게 옷과 신발을 신겨 주고 난 뒤에 세묜은 말했다.

"이젠 됐네, 형제. 이번에는 좀 움직여서 몸을 녹여야지. 그럼 훨씬 좋아질 거야. 이제부터는 내가 일일이 거들지 않아도 다른 사람이 다 처리해 줄 거야. 그런데 걸을 수는 있겠나?"

사나이는 일어서서 감격스러운 눈초리로 세묜을 바라보았다. 그러나 말은 한마디도 하지 않았다.

"젊은이, 왜 아무 말도 하지 않나? 여기서 그냥 겨울을 지낼 셈인가? 날씨가 추우니 어서 집으로 가야지. 아, 걸을 힘이 없나 보구만. 자, 여기 내 지팡이가 있으니 기운이 없으면 이걸 짚게나. 자 자, 어서 걸어 보라고."

사나이는 걷기 시작하더니, 별로 힘겨워하지 않고 성큼성큼 잘 걸었다. 세묜은 물었다.

"자네는 도대체 어디에서 왔나?"

"저는 이 고장 사람이 아닙니다."

"이 고장 사람이라면 내가 다 알지. 그런데 어떻게 이런 교회 모퉁이까지 왔나?"

"그건 말씀드릴 수 없습니다."

"틀림없이 어떤 나쁜 사람한테 당한 모양이군."

"아닙니다. 나는 하나님의 벌을 받았습니다."

"그야 물론 모든 것이 다 하나님의 뜻이지. 하지만 어디에 들어가서 좀 쉬어야지. 자네 어디로 갈 생각인가?"

"아무 곳이라도 좋습니다. 저한테는 어디든 마찬가지니까요."

세묜은 다시 한번 놀랐다. 나쁜 사람 같지도 않고 말씨도 온순한데 자기에 대한 자세한 이야기는 전혀 말하려 하지 않았다. 세묜은 마음속으로 생각했다.

'세상에는 말 못할 사정이 많기는 하지.'

세묜은 사나이에게 말했다.

"우리 집으로 가는 건 어떤가? 몸을 좀 녹일 수는 있을 거야. 따뜻해지면 정신도 들 테니까."

세묜은 집으로 향했다. 낯선 사나이도 나란히 걸었다. 찬 바람이 세묜의 내의 속으로 스며들었다. 술기운이 점점 깨면서 추위가 느껴졌다. 그는 코를 훌쩍이고 속옷 앞섶을 여미면서 생각했다.

'이거 큰일인걸. 양털 가죽을 사러 갔다가 외투도 없이 돌아오다니. 게다가 벌거숭이 사나이까지 데리고 가니 말이야. 마트료나가 굉장히 야단칠 텐데.'

아내 마트료나 생각을 하자 세묜은 기분이 언짢았다. 그러나 옆에 있는 사나이가 교회 뒤에서 자기를 바라보던 그 눈매를 생각하자 세묜의 가슴은 기쁨으로 벅차올랐다.

3

세몬의 아내 마트료나는 서둘러 집 안을 치웠다. 장작을 패고 물을 길어 오고 아이들과 함께 저녁식사를 끝마치고 나서 이런저런 궁리를 하기 시작했다.

'오늘 빵을 구울까? 아니면 그냥 내일 구울까? 아직 큰 덩어리가 하나 있기는 한데. 세몬이 읍내에서 점심을 먹고 오면 저녁은 많이 먹지 않을 거야. 그러면 내일 아침에 먹을 빵은 이걸로 충분해.'

마트료나는 빵 조각을 만지작거리며 생각했다.

'오늘은 빵을 굽지 말아야겠어. 밀가루도 얼마 남지 않았으니. 이걸로 금요일까지 먹어야지.'

마트료나는 빵 굽는 일을 그만두기로 하고 식탁에 앉아 남편의 해진 셔츠를 깁기 시작했다. 그녀는 옷을 기우면서 '세몬이 어떤 양피 외투를 사 올까.' 하고 생각했다.

'양피 장수한테 속아 넘어가면 안 될 텐데. 세몬은 사람이 너무 좋아서 탈이란 말야. 남을 속일 줄도 모르고, 어린아이한테도 속아 넘어가는 사람이니까. 8루블이면 결코 적은 돈이 아니지. 그 정도 돈이면 충분히 좋은 외투를 살 수 있을 거야. 아주 좋은 것은 아니더라도 털 외투는 살 수 있어. 지난 겨울엔 털외투가 없어서 얼마나 고생했던가! 강가에는 말할 것도 없고, 들에도 나갈 수가 없었잖아. 밖으로 전혀 나갈 수가 없었지. 오늘만 해도 남편이 옷이란 옷은 다 입고 나가 버려서 나는 걸칠 옷이 하나도 없잖아.

그런데 왜 이렇게 늦지? 일찍 떠난 건 아니지만 이제 올 때도 됐는데……. 혹시 이 양반이 또 술이라도 마시고 있는 건 아닐까?'

마트료나가 이런 생각을 하는 순간, 현관 계단이 삐걱거리며 어떤 사람이 들어왔다. 마트료나는 바늘을 옷감에 꽂은 뒤 문 입구로 나갔다. 두 사나이가 집 안으로 들어오고 있었다. 남편 세묜 곁에는 털장화를 신고 모자도 쓰지 않은 웬 사나이가 함께 서 있었다.

마트료나는 금세 남편이 술을 마시고 왔다는 것을 알아차렸다.

'역시 술을 마시고 왔구나.'

다시 쳐다보니 남편은 외투도 입지 않고 겉옷 하나만 걸친 채 빈손으로 말없이 서 있었다. 마트료나는 화가 치미는 것을 느꼈다.

'오늘 받은 돈을 몽땅 털어 술을 마신 모양이야. 게다가 얼굴도 모르는 건달하고 어울려 마시고, 그것도 부족해 집에까지 끌고 왔군.'

마트료나는 두 사람을 안으로 들여보내고 자기도 뒤따라오다가 그 낯선 젊은이가 남편의 외투를 입은 것을 보았다. 외투 속에는 내의도 입은 것 같지 않고, 모자도 쓰고 있지 않았다. 집 안으로 들어선 젊은이는 자리에 앉지도 않고 가만히 선 채 고개도 들지 않았다. 마트료나는 분명 이 사나이가 어떤 잘못을 저질러 겁을 먹고 있다고 생각했다.

마트료나는 얼굴을 찡그리고 난로 쪽으로 가서 두 사람을 지켜보았다. 세몬은 모자를 벗고 태연히 걸상에 앉으며 말했다.

"여보 마트료나, 어서 저녁을 좀 주구려."

마트료나는 입 속으로 무엇이라고 중얼거릴 뿐, 페치카 옆에 선 채 움직이려고도 하지 않았다. 마트료나는 화가 났다. 세몬은 아내가 화난 것을 보자 하는 수 없다는 듯이 낯선 사나이의 손을 잡고 말했다.

"자, 앉아요. 저녁을 먹어야지."

낯선 사나이는 걸상에 앉았다.

"마트료나, 저녁 준비는 안 됐어?"

마트료나는 화가 나서 말했다.

"왜 안 되어 있겠어요? 준비는 했지만 당신 먹을 건 없어요. 그 꼴을 보니 당신은 염치도 없이 술만 마신 모양이군요. 양피를 사러 간 사람이 외투까지 없애고, 그것도 모자라 벌거숭이 건달까지 데려오다니. 당신들 같은 주정뱅이에게 줄 저녁은 없어요."

"그만해, 마트료나. 영문도 모르면서 함부로 화를 내지는 말라고. 이 사람이 도대체 어떤 사람인지부터 차근차근 알아봐야지."

"돈은 어디 있어요? 빨리 말해 봐요."

세몬은 긴 외투 주머니를 뒤져 돈을 꺼내며 말했다.

"돈은 여기 있어. 도리포노프에게는 돈을 못 받았어. 오늘은 돈이 없다면서 내일 반드시 주겠다고 그러잖아."

마트료나는 더욱 화가 났다. 모피는 사 오지 않고, 하나밖에 없는 외투는 생판 모르는 낯선 벌거숭이 사나이에게 입혀 가지고 집으로 끌고 오다니.

마트료나는 식탁 위에 놓여 있던 돈을 숨기며 말했다.

"오늘 저녁은 없어요. 벌거숭이 주정뱅이에게까지 일일이 신경 쓰다가는……."

"말 좀 조심해요, 마트료나. 먼저 이야기를 들어 보라니까."

"당신 같은 주정뱅이한테 무슨 말을 들어요? 난 당신 같은 주정뱅이하고 결혼하고 싶은 마음은 조금도 없었어요. 어머니가 주신 옷감도 술값으로 없애 버리더니, 이번에는 외투를 사러 가서는 그 돈으로도 술을 마시다니……."

세몬은 아내에게 자기가 마신 술값은 겨우 20코페이카뿐이라는 것을 설명하고, 어떻게 해서 이 젊은이를 만나게 됐는지 등등의 사정을 말하려고 했지만 마트료나는 한 마디도 못하게 가로막았다.

그녀는 어디서 쏟아지는지 한 번에 두 마디씩 지껄여대는 것이었다. 심지어 10년 전 일까지 낱낱이 들추어 냈다.

한참 떠들던 마트료나는 세몬에게 덤벼들어 옷소매를 붙잡았다.

"자, 내 옷을 돌려 줘요. 하나밖에 없는 내 옷을 빼앗아 입고 갔잖아. 염치도 좋지. 빨리 내놔요. 정말 못난 영감 같으니라고. 차라리 죽어 버리는 게 낫겠어!"

세몬이 팔을 들어 옷을 벗으려다 소매가 뒤집혔다. 그 때 마트료나가 잡아당기는 바람에 솔기가 부드득 뜯어지고 말았다. 마트료나는 옷을 빼앗아 뒤집어쓰고 문가로 달려갔다. 그녀는 그대로 나가려다가 문득 발을 멈춰 섰다. 화가 치밀어올랐지만 남편이 데려온 이 낯선 사나이가 누군지 궁금했던 것이다.

4

마트료나는 걸음을 멈추고 말했다.

"모자라지 않은 사람이라면 이렇게 벌거숭이로 있을 리 없지. 그런데 이 사람은 속옷도 없잖아. 당신도 나쁜 짓을 하지 않았다면, 어디서 이 사람을 데려왔는지 왜 제대로 말을 못해요?"

"그렇지 않아도 아까부터 이야기하려던 참이었어. 내가 집으로 오는데 이 사람이 교회 옆에 있더군. 여름도 아닌데 벌거벗은 몸으로 덜덜 떨면서 말이야. 정말 하나님이 도와서 나를 이 사람에게 보내신 거야. 그렇지 않았더라면 이 사람은 죽고 말았을 거야. 이런 때 어떡해야겠소? 사람이 살다 보면 무슨 일을 당할지 아무도 모르는 일이잖아. 그래서 내 옷을 입혀 집으로 데려왔지. 자, 마음을 가라앉혀요, 마트료나. 사람은 누구나 한 번은 죽는 거니까."

마트료나는 욕을 해 주고 싶었으나 나그네를 보고 입을 다물었다. 나그네는 걸상에 앉아 꼼짝도 하지 않았다. 두 손을 무릎에 올려놓고 머리를 숙인 채 답답한 듯 줄곧 눈을 감고 얼굴을 찡그리고 있었다. 마트료나가 입을 다문 채 아무 말이 없자, 세묜은 말을 이어나갔다.

"마트료나, 당신 마음엔 하나님도 없소?"

마트료나는 이 말을 듣고 다시 한번 젊은이를 쳐다보았다. 그러자 갑자기 마음이 차츰 누그러지기 시작했다. 그녀는 문 곁을 떠나 난로가 놓인 구석으로 가서 저녁 준비를 하였다. 컵을 식탁에 놓고, 크바스(곡식으로 만든 맥주 비슷한 음료수)를 따르고, 마지막 빵을 내놓았다. 그리고 나이프와 포크를 놓으면서 말했다.

"자, 어서들 식사 하세요."

세몬은 젊은이를 식탁으로 데려갔다.

"앉아요, 젊은이."

세몬은 큰 빵조각을 잘게 잘라 사나이와 함께 저녁을 먹기 시작했다. 마트료나는 식탁 곁에 앉아 손으로 턱을 괴고 낯선 젊은이를 바라보았다. 그러자 젊은이가 불쌍하게 느껴지며, 보살펴 주고 싶은 생각마저 들었다. 그 때 젊은이는 갑자기 명랑해지며 찡그렸던 얼굴을 펴고 마트료나 쪽으로 눈길을 돌려 빙그레 웃었다. 식사가 끝나자 마트료나는 식탁을 치운 다음 그 낯선 젊은이에게 물었다.

"젊은이는 어디서 왔어요?"

"저는 이 지방 사람이 아닙니다."

"그런데 왜 길바닥에 쓰러져 있었나요?"

"그건 말씀드릴 수가 없습니다."

"길에서 강도라도 만났어요?"

"아니오. 저는 하나님의 벌을 받았습니다."

"그래서 벌거벗은 채 누워 있었어요?"

"예. 그래서 알몸으로 있다가 얼어 죽을 뻔했지요. 그것을 세몬이 발견하고 저를 불쌍히 여겨 입고 있던 외투를 벗어 나에게 입히고 이 곳까지 데려온 겁니다. 여기 오니까 부인께서 나를 불쌍히 생각하여 또 먹고 마실 것을 주셨어요. 하나님께서는 틀림없이 두 분을 도와주실 겁니다."

마트료나는 자리에서 일어나서 좀 전에 기운 세몬의 낡은 셔츠를 가져다가 그 사나이에게 주었다. 그리고 바지도 찾아 주었다.

"아니, 이제 보니 셔츠도 없잖아. 이걸 입고 아무 데나 마음에 드는 곳에서 자도록 해요. 침대 위든 난롯가든."

사나이는 외투를 벗고 셔츠와 바지를 입은 다음 침대에 누웠다. 마트료나는 등불을 끈 뒤 외투를 가지고 남편 곁으로 갔다. 그리고 외투 자락을 덮고 누웠으나 잠이 오지 않았다. 젊은이의 생각이 머릿속에서 떠나지 않았다.

그 젊은이가 마지막 빵을 다 먹어 버렸으니 내일 아침에 먹을 빵이 없었다. 게다가 셔츠와 바지를 준 일을 생각하니 기분이 언짢았다. 그러나 젊은이가 빙그레 웃던 모습을 생각하자 마음속이 밝아지는 것 같았다. 마트료나는 오래 잠을 이루지 못했다. 세몬도 잠이 안 오는지 외투 자락을 잡아당기는 소리가 들려왔다.

"세몬, 남은 빵을 다 먹어 버렸으니 내일은 어떡하죠? 아무래도 말라냐에게 가서 좀 꾸어야겠어."

"아무려면 산 입에 거미줄이야 치겠어?"

마트료나는 한동안 가만히 누워 있었다.

"저 젊은이는 좋은 사람 같군요. 그런데 왜 자기에 대한 이야기는 하나도 하지 않는 걸까?"

"아마 말 못할 사정이 있겠지."

"세몬!"

"응?"

"우리는 이렇게 남을 도와주는데, 왜 다른 사람들은 우리를 도와주지 않는 걸까요?"

세몬은 뭐라고 대답해야 좋을지 몰랐다.

"이제 그런 생각은 그만하고 자자고."

세몬은 이렇게 말한 뒤 돌아누워 버렸다. 그리고 이내 잠이 들었다.

5

이튿날 아침, 세묜은 일찍 잠에서 깨었다. 아이들은 아직 자고 있었고, 아내는 벌써 이웃집에 빵을 빌리러 간 모양이었다. 어제 온 낯선 사나이는 헌 바지와 셔츠를 입은 채 의자에 앉아 천장을 바라보고 있었다. 어제보다는 표정이 한결 밝아 보였다.

"어떤가, 젊은이. 배에서는 먹을 것을 달라고 꼬르륵 소리를 내고, 몸에는 걸쳐야 할 게 필요하니, 자네도 무슨 벌이를 해야 하지 않겠나. 자네는 무슨 일을 할 줄 아나?"

"전 아무 일도 할 줄 모릅니다."

낯선 사나이의 대답에 세묜은 깜짝 놀라서 말했다.

"하겠다는 마음만 먹으면 돼. 사람은 무슨 일이든 배울 수 있어."

"모두 일을 하니까 저도 일을 하겠습니다."

"그런데, 자네 이름은 무언가?"

"미하일입니다."

"미하일, 자네는 자기 이야기는 하지 않던데, 그건 아무래도 상관 없어. 굳이 듣지 않아도 좋으니까. 하지만 밥벌이는 해야지. 내가 시키는 일을 하겠다면 여기서 우리 가족과 함께 지내도 좋아."

"고맙습니다. 일을 배우도록 하겠습니다. 제가 해야 할 일을 가르쳐 주십시오."

세묜은 실을 들어 손가락에 감고 매듭을 짓기 시작했다.

"별로 어려울 건 없어. 자, 보게……."

미하일은 세묜이 하는 모습을 가만히 들여다보더니 금방 배워 손가락에 실을 감아 매듭을 지었다. 이번에는 다시 꼰 실을 짜는 법을 가르쳐 주자, 미하일은 그것도 곧 배웠다. 다음에는 가죽 다루는 법과 깁는 법, 또는 돼지털을 꿰어 꿰매는 일 등을 가르쳐 주었다. 미하일은 그것도 금세 배웠다.

세묜이 어떤 일을 가르쳐도 미하일은 쉽게 익혔다. 사흘째부터는 마치 오랫동안 구두를 만들어 온 사람처럼 능숙하게 일을 해 나가기 시작했다. 그는 열심히 일만 하고 밥은 조금밖에 먹지 않았다. 한가할 때에도 잠자코 천장만 쳐다보았다. 밖에 나가지도 않았고, 쓸데없는 농담을 하거나, 웃는 법도 없었다.

미하일이 웃는 모습을 본 것은, 이 곳에 처음 오던 날 마트료나가 그를 위해 저녁 식사를 차려 주던 그 순간뿐이었다.

6

하루하루가 지나고, 일주일이 가고, 어느덧 한 해가 흘렀다. 미하일은 여전히 세묜의 집에서 부지런히 일하고 있었다. 세묜의 보조 직공으로서 미하일의 소문은 사방에 자자하게 퍼졌다. 미하일만큼 멋지고 튼튼하게 구두를 짓는 사람은 없다고 하여, 이웃 마을 사람들도 구두를 맞추기 위해 세묜의 구둣방으로 몰려왔다. 세묜은 점점 더 많은 돈을 벌게 되었다.

어느 겨울날, 세묜은 미하일과 마주 앉아 열심히 일을 하고 있는데, 방울 소리가 요란하게 들려오더니 가게 앞에 삼두마차가 서는 것이 보였다. 창밖으로 내다보니 젊은 사람이 마부석에서 펄쩍 뛰어내려 마차 문을 열었다. 그러자 털외투를 입은 신사가 마차에서 나와 세묜의 가게를 향해 층계를 올라왔다. 신사가 문 앞에 이르자 마트료나가 달려나가 문을 활짝 열었다. 신사는 허리를 굽히고 방 안으로 들어섰다. 신사가 구부렸던 허리를 다시 펴자 머리는 천장에 닿을 정도로 키가 컸고, 몸집도 방 안을 꽉 채울 만큼 거대하였다.

세몬은 자리에서 일어나 신사에게 인사를 하면서도 어안이 벙벙해졌다. 지금까지 이렇게 큰 몸집을 가진 사람을 본 일이 없었다. 세몬과 미하일도 마른 편이고, 마트료나는 마른 나뭇가지처럼 여위었는데, 이 신사는 다른 나라에서 온 사람 같았다. 얼굴이 벌겋고 기름이 흘렀으며 목은 황소처럼 굵어, 마치 온몸이 무쇠로 만들어진 것 같았다. 신사는 크게 숨을 내쉬더니 외투를 벗고 걸상에 앉으며 말했다.

"이 가게 주인 세몬이 누구지?"

세몬이 나서며 말했다.

"예, 제가 주인입니다, 나리."

신사는 자기가 데려온 하인을 소리쳐 불렀다.

"페치카, 물건을 이리 가져와."

젊은이는 달려가더니 작은 보자기를 가지고 왔다. 신사는 꾸러미를 받아 탁자 위에 놓더니,

"풀어라."

하고 명령했다.

젊은이가 꾸러미를 풀자, 신사는 꾸러미에서 나온 가죽을 손가락으로 찌르며 세몬에게 말했다.

"주인, 이 가죽 보이지? 이 가죽이 무슨 가죽인 줄 알겠나?"

"예, 나리."

"이봐, 이게 무슨 가죽인지 정말 알겠나?"

세몬은 가죽을 만져 보고 나서 말했다.

"아주 좋은 가죽입니다."

"그야 물론 좋은 가죽이지! 자네 같은 친구는 아직 이런 가죽을 구경

도 못 해 봤을 거야. 이건 독일산이야. 20루블이나 준 거라고."

세묜은 겁이 나서 떨리는 목소리로 말했다.

"저 같은 사람이 어디서 그런 걸 구경하겠습니까?"

"물론, 그렇겠지. 그런데 자네, 이걸로 내 발에 딱 맞는 구두를 만들 수 있겠나?"

"네, 그러믄요, 나리. 지을 수 있고말고요."

신사는 갑자기 세묜에게 큰 소리로 말했다.

"만들 수 있다고 했겠다? 하지만 자네는 먼저 알아 둬야 해. 누구의 구두를, 어떤 가죽으로 만드는지를. 난 일 년을 신어도 모양이 변치 않고 실밥이 터지지 않는 구두를 원한단 말이야. 그러니까 자네가 할 수 있으면 맡아서 가죽을 자르고, 할 수 없으면 아예 처음부터 이 일을 맡지 않는 게 좋아. 미리 말해 두지만, 일 년 안에 구두 모양이 변하거나 실밥이 터지면 너를 그 즉시 감옥으로 보낼 거야. 대신 일 년이 지나도 전혀 손색이 없으면 만든 값으로 자네에게 10루블을 더 주지. 어때, 할 수 있겠나?"

세묜은 겁이 나서 어떻게 대답해야 좋을지 몰라 미하일을 돌아보았다. 그리고 팔꿈치로 미하일의 옆구리를 찌르며 귀엣말로 물었다.

"이봐, 미하일. 어떻게 하면 좋을까? 맡을까, 말까?"

미하일은 그 일을 맡으라는 뜻으로 머리를 끄덕였다.

세묜은 미하일의 말을 따라 일 년 안에 모양이 변하지도 실밥이 터지지도 않는 장화를 주문받기로 하였다.

신사는 젊은이를 불러 왼쪽 신발을 벗기게 하고 발을 내밀며 말했다.

"그럼 발 치수를 재게."

세묜은 한 자가 훨씬 넘게 종이를 붙여 바닥에 깐 다음 무릎을 꿇었다. 그리고 신사의 양말을 더럽히지 않기 위해 앞치마에 손을 잘 문지른 다음 치수를 재기 시작했다. 세몬은 먼저 발바닥을 재고, 발등 높이를 재었다. 그리고 종아리를 재려고 하는데 종이 양끝이 닿지 않았다. 신사의 종아리는 마치 통나무만큼이나 굵었던 것이다.

"이봐, 조심해. 발목이 아프지 않도록, 거기를 좁게 해서는 안 돼."

세몬은 다른 종이를 덧붙였다. 신사는 가만히 앉아 양말 속의 발가락을 꼼물거리며 방 안을 둘러보다 미하일을 발견하고 물었다.

"저 친구는 누구인가?"

"아, 저 사람은 미하일이라고 하는 저희 집 일꾼인데, 나리가 신으실 구두를 만들 겁니다."

신사는 미하일에게 말했다.

"이봐, 자네도 잘 알아 두라고. 일 년은 끄떡없는 구두를 만들어야 해. 일 년 안에 모양이 변하거나 실밥이 터지면 안 돼."

세몬도 미하일을 돌아보았다. 그러나 미하일은 신사를 보지 않고 그의 뒤쪽 구석을 뚫어지게 바라보고 있었다. 마치 무엇인가를 꿰뚫어 보는 것 같았다. 그러다 미하일은 갑자기 미소를 띠며 온 얼굴이 환하게 밝아졌다.

"저런 멍청한 녀석. 왜 웃는 거야? 정신 바짝 차리고 기한 내에 구두를 만들어 놓을 생각이나 해."

그러자 미하일이 대답했다.

"염려 마십시오. 필요할 때까지 꼭 만들어 놓겠습니다."

"좋아. 그럼 됐어."

신사는 장화를 신고 털외투를 입고는 문 쪽으로 걸어갔다. 그러나 나갈 때 깜박 잊고 허리를 굽히지 않아 문설주에 머리를 세게 부딪혔다. 신사는 화를 내며 분통을 터뜨리더니 머리를 문지르며 마차를 타고 떠나 버렸다. 신사가 떠나자 세몬이 말했다.

"정말 차돌같이 단단한 사람이야. 저 정도의 몸집이라면 몽둥이로 후려쳐도 넘어뜨리지 못하겠어. 온 방 안이 흔들릴 정도로 머리를 그렇게 세게 부딪혔는데도 별로 아프지도 않은가 봐."

마트료나가 세몬의 말을 거들며 말했다.

"저렇게 호화로운 생활을 하는데 살이 빠질 리 있어요? 저렇게 튼튼한 사람에게는 귀신도 꼼짝 못 할 거예요."

7

세몬은 미하일에게 말했다.

"일을 맡기는 했지만 걱정이군. 가죽은 비싸고, 나리 성격은 너무 깐깐하니까. 실수라도 하는 날이면 꼼짝없이 감옥으로 가는 거야. 이봐 미하일, 자네는 나보다 눈도 밝고 솜씨도 좋으니까 아까 잰 치수는 자네에게 맡길 테니 가죽을 재단하게. 나는 겉가죽을 꿰매겠네."

미하일은 세몬이 시키는 대로 가죽을 받아 들고 탁자 위에 두 겹으로 포갠 다음 칼로 자르기 시작했다. 마트료나는 미하일의 곁으로 가서 재단하는 것을 지켜보다가 깜짝 놀랐다. 마트료나도 구두 만드는 것을 봐서 알고 있었는데, 미하일은 구두 모양과 달리 가죽을 둥글게 자르고 있었던 것이다.

마트료나는 한마디 주의를 주려고 하다가 다시 생각했다.

'내가 구두를 어떻게 만들어야 하는지 신사가 한 말을 잘못 들었는지도 몰라. 나보다 미하일이 더 잘 알고 있을 테니 괜히 참견할 필요는 없겠지.'

미하일은 가죽을 자르고 실로 꿰매기 시작했다. 그러나 구두를 꿰맬 때 사용하는 두 겹 실이 아닌, 슬리퍼를 꿰맬 때처럼 한 겹 실로 깁고 있었다.

마트료나는 다시 한번 깜짝 놀랐으나 역시 참견하지 않았다. 미하일은 열심히 구두를 꿰매고 있었다. 점심때가 다 되어 세묜이 자리에서 일어나 보니 미하일은 신사가 가져온 가죽으로 슬리퍼를 한 켤레 만들고 있었다. 세묜은 너무 놀라 "앗!" 하고 외마디 소리를 질렀다.

'어떻게 된 일인가? 미하일은 일 년이나 같이 일하는 동안 한 번도 실수를 한 적이 없었는데, 하필 지금 실수를 하다니. 나리는 굽이 달린 장화를 주문했는데 평평한 슬리퍼를 만들어 놓았으니 가죽을 버려 놓지 않았나! 나리에게 무어라 변명을 해야 좋담? 이런 가죽은 구하려고 해도 쉽게 구할 수도 없는 건데.'

그는 미하일에게 말했다.

"미하일, 자네 이게 무슨 짓인가? 내 목이 달아나는 것을 보고 싶은 거야? 나리는 장화를 주문했는데 자네는 지금 무엇을 만든 거야?"

세묜이 미하일에게 이렇게 꾸중을 하고 있을 때, 계단에서 쿵쿵 소리가 들려왔다. 창문으로 내다보니 누군가가 타고 온 말을 붙들어 매고 있었다. 문을 열고 조금 전 그 신사의 하인이 들어왔다.

"안녕하십니까?"

"예, 어서 오십시오. 그런데 무슨 볼일로 다시 오셨나요?"

"아까 주문했던 구두 때문에 주인 어른의 심부름으로 왔습니다."

"구두 때문에?"

"구두인지 뭔지 하여간 장화는 이제 필요 없게 되었답니다. 저희 주인 어른께서 돌아가셨어요."

"뭐라고요?"

"여기서 집으로 돌아가시던 중에 마차 안에서 돌아가셨습니다. 마차가 집에 도착하여 내릴 수 있도록 부축해 드리려고 가 보니 나리가 짐짝처럼 뒹굴고 계셨어요. 벌써 세상을 떠나신 거예요. 마차에서 간신히 끌어내렸답니다. 그래서 마님께서는 저를 되돌려 보내면서 말씀하셨어요. '구두장이에게 가서 아까 주문한 장화는 필요 없게 되었으니 대신 죽은 사람이 신는 슬리퍼를 만들어 달라고 전하려무나. 그리고 다 만들기를 기다렸다가 가지고 오너라.' 하고요. 그래서 이렇게 왔습니다."

미하일은 탁자 위에 놓여져 있던 남은 가죽을 둘둘 말아서 묶었다. 그리고 다 만든 슬리퍼를 툭툭 털더니 앞치마에 문질러 닦은 다음 하인에게 주었다.

"안녕히 계십시오, 여러분!"

젊은 하인은 슬리퍼를 받아들고는 인사하며 돌아갔다.

8

세월이 흘러 미하일이 세묜의 집에 온 지도 어느덧 6년이 되었다. 미하일은 전과 다름없이 아무 데도 가지 않았고, 쓸데없는 말 한 마디 하지 않은 채 생활하고 있었다. 그가 웃은 것도 딱 두 번뿐이었다. 이 집에 처음 오던 날 마트료나가 저녁식사를 준비하고 있을 때, 그리고 신사가 구두를 맞추러 왔을 때. 세묜은 그런 미하일이 아주 만족스러웠다. 이제는 어디서 왔는지 더 이상 묻지도 않았고, 혹시 어디로 떠나 버리지나 않을까 그것만을 염려했다.

어느 날 온 가족이 집 안에 함께 모여 있었다. 마트료나는 난로에 냄비를 올려놓고 음식을 만들고 있었고, 아이들은 걸상 위로 뛰어다니며 창밖을 내다보기도 했다. 세묜은 창가에 앉아 구두를 꿰매고 있었고, 미하일은 다른 창가에서 굽을 붙이고 있었다.

그 때 세묜의 아들이 걸상을 타고 미하일 곁으로 와서 그의 어깨를 짚고 창밖을 내다보며 말했다.

"미하일 아저씨, 저것 좀 보세요. 어떤 아주머니가 여자아이들을 데리고 우리 집으로 오고 있어요. 한 아이는 절름발이야."

아이가 말하자 미하일은 일손을 멈추고 창문으로 고개를 돌려 밖을 내다보았다.

세묜은 미하일의 모습에 놀랐다. 지금까지 미하일은 창밖을 내다보거나 한눈을 파는 일이 거의 없었다. 그런데 지금은 창에 얼굴을 바싹대고 무엇인가를 열심히 보고 있었다. 세묜도 창밖을 내다보았다. 옷을 말쑥하게 차려입은 여인이 털외투에 목도리를 두른 두 여자아이의 손을 잡고 세묜의 집 쪽으로 오고 있었다. 여자아이들은 서로 얼굴이 꼭 닮아서 분간할 수 없었다. 그러나 한 아이는 왼쪽 다리를 절고 있었다.

여인은 층계를 올라와 현관으로 와서 문고리를 두드렸다. 문이 열리자 여인은 아이들을 먼저 들여보내고 자기도 따라 들어왔다.

"안녕하세요?"

"어서 오세요. 무슨 일로 오셨습니까?"

여인은 탁자 옆으로 가서 앉았다. 두 여자아이들은 방 안의 사람들 때문에 낯선 듯 여인의 무릎에 기대고 있었다.

"이 아이들이 봄에 신을 구두를 맞추려고요."

"아, 그렇군요. 저희는 이렇게 작은 구두는 만들어 본 적이 없지만 할 수는 있습니다. 가장자리에 장식이 달린 구두를 만들까요, 안에 천을 대어 접은 것으로 할까요? 저희 집에서 일하는 미하일은 솜씨가 아주 좋답니다."

세묜은 미하일을 돌아보았다. 미하일은 하던 일을 멈추고 가만히 앉아 아이들에게서 눈길을 떼지 않고 있었다. 세묜은 그런 미하일의 모습을 보고 놀랐다. 두 아이는 모두 귀여웠다. 까만 눈동자에 **뺨**은 통통하고 불그레하며, 아이들이 입고 있는 털외투와 숄도 좋은 것이었다. 그런데 미하일이 저렇게 뚫어지게 바라보는 이유는 뭘까? 전부터 두 아이를 알고 있기라도 하는 듯한 태도였다.

세묜은 의아해하면서도 여인과 가격을 흥정하기 시작했다. 값을 정하고 발을 재야 할 차례가 되었다. 여인은 다리가 불편한 아이를 안아올려 무릎에 앉히며 말했다.

"죄송하지만, 이 아이의 치수는 두 가지로 재 주세요. 불편한 발에 맞춰서 한 짝을 짓고, 성한 발은 세 짝을 만들어 주세요. 두 아이는 발이 꼭 같아요. 쌍둥이랍니다."

세묜은 치수를 재고 난 후 다리가 불편한 아이를 가리키며 말했다.

"이 아이는 어쩌다가 이렇게 됐나요? 아주 귀엽게 생겼는데. 태어날 때부터 이랬나요?"

"아니에요. 아이 엄마가 잘못해서 이렇게 됐어요."

부인이 대답하자, 마트료나가 끼어들었다. 그 여인과 쌍둥이 아이들에 대해 궁금했던 것이다.

"그럼 부인은 아이들의 친엄마가 아니신가요?"

"예, 저는 애들의 친엄마도 친척도 아니에요. 아무 관계도 없는데 수양딸로 삼아 기르고 있답니다."

"그런데도 정말 사랑으로 키우시는군요."

"네, 자기가 낳은 아이가 아니라도 키우다 보면 자연히 정이 들게 마련이지요. 두 아이 모두 내 젖으로 키웠어요. 내 아이는 하나님께서 데려가셨어요. 그 아이는 그다지 가엾지 않았는데, 이 아이들은 정말 가엾어요."

"도대체 이 아이들은 누구의 아이들인가요?"

9

여인은 다음과 같은 이야기를 시작했다.

"6년 전 일이에요. 이 두 아이는 일주일도 못 되어 고아가 돼 버렸습니다. 아버지는 이 아이들이 태어나기 사흘 전에 죽고, 어머니는 아이들을 낳고는 하루도 못 살았어요. 나는 남편과 같이 농사를 짓고 있었는데, 아이들 부모와는 이웃에 살고 있었지요. 아이들 아버지는 농사꾼이었어요. 하루는 숲에 들어가서 혼자 일하다가 큰 나무가 쓰러지는 바람에 그 밑에 깔리고 말았답니다. 집으로 옮겼지만 곧 세상을 떠나고 말았죠. 그리고 사흘 후 그 아내가 쌍둥이를 낳았지요. 바로 이 아이들이에요. 워낙 가난한데다 돌보아 줄 친척도 없어서 혼자서 아이들을 낳고 또 혼자 죽어 간 거예요. 다음 날 아침에 궁금해서 그 집에 찾아가 보았더니 가엾게도 어머니는 이미 숨이 끊어졌더군요. 게다가 어머니가 숨이 넘어가는 순간 이 아이를 덮치는 바람에 한쪽 다리를 못 쓰게 된 겁니다.

마을 사람들이 모여, 죽은 사람을 씻겨 옷을 입히고 관을 만들어 장사를 지내 주었어요. 모두 인정 많고 착한 사람들이지요. 이제 두 갓난애만 남았는데 보낼 데가 없었어요. 마을 여자 중에 젖을 먹일 수 있는 사람은 나뿐이었어요. 그 때 나는 낳은 지 8주밖에 안 된 첫아들에게 젖을 먹이고 있었지요. 그래서 내가 임시로 이 아이들을 맡게 된 거랍니다. 마을 사람들이 모여 여러 가지로 생각한 끝에 부탁을 하더군요. '마리아, 당신이 얼마 동안 아이들을 맡아 주지 않겠어요? 조만간 우리가 이 문제를 해결할 방법을 찾을 테니까요.' 저는 다리가 성한 아이에게만 젖을 주고, 다리를 다친 아이에게는 줄 생각도

하지 않았어요. 그런 상태로는 도저히 살아날 가망이 없어 보였거든
요. 하지만 천사 같은 어린 영혼을 그냥 죽게 둘 수는 없더군요. 아이
가 불쌍했어요. 그래서 이 아이에게도 젖을 먹였죠.그래서 내 아이와
이 두 아이, 이렇게 세 아이에게 젖을 먹였던 것입니다. 그 때만 해도
나는 젊어서 기운도 있고 먹성도 좋았지요.

두 아이가 함께 젖을 빨면 한 아이는 기다렸어요. 한 아이가 젖꼭지
를 놓으면 기다리던 아이에게 젖을 주었답니다. 그런데 하나님의 뜻
으로 두 아이는 잘 컸지만 내 아이는 두 살 때 죽어 버렸어요. 그 뒤
로는 아이가 생기지 않았어요. 그 후 살림살이는 차차 나아져서 지금
은 이 마을 방앗간에서 일하고 있어요. 보수도 넉넉하고, 생활하는 데
불편 없이 유복하게 지내긴 하지만 아이가 없답니다. 이 두 아이가
없었다면 나 혼자 무슨 재미로 살겠어요? 그러니 애들을 사랑하지 않

을 수 없지요. 애들은 내게 촛불이나 마찬가지예요.”

여인은 한 손으로 다리가 불편한 아이를 안고, 또 한 손으로는 뺨에 흐르는 눈물을 훔쳤다. 마트료나는 한숨을 쉬며 말했다.

“부모 없이는 살아갈 수 있지만 하나님 없이는 살 수 없다는 말이 맞는 것 같아요.”

세묜과 마트료나가 여인과 이런 이야기를 주고받고 있는데 미하일이 앉아 있는 쪽에서 느닷없이 섬광이 비치더니 온 방 안이 환하게 밝아졌다. 모두 놀라서 그쪽을 바라보니, 미하일은 무릎 위에 두 손을 가지런히 얹고 위를 쳐다보면서 빙그레 웃고 있었다.

10

　여인과 여자아이들이 돌아가자 미하일은 의자에서 일어나 일감을 탁자 위에 놓고 앞치마를 벗은 다음, 주인 내외에게 고개를 숙이며 말했다.

　"안녕히 계십시오. 주인 아저씨, 아주머님. 하나님께서 저를 용서하셨으니 두 분께서도 용서해 주시기 바랍니다."

　주인 내외가 바라보니 미하일의 몸에서 빛이 나고 있었다. 세묜은 일어나 미하일에게 정중히 말했다.

　"미하일, 자네는 보통 사람이 아닌 모양이니 붙잡을 수도 없고 이유를 물어볼 수도 없군. 하지만 하나만 대답해 주게. 내가 자네를 집으로 데려왔을 때 자네는 우울한 얼굴을 하고 있다가 마트료나가 저녁 식사를 차려 주자, 빙그레 웃으며 밝은 표정을 지었는데 그 이유가 궁금하네. 또, 부자 신사가 장화를 주문했을 때 자네는 싱긋 웃으면서 미소를 지었고, 방금 여인과 여자아이들이 왔을 때도 자네는 빙그레 웃었네. 그리고 온몸에서 빛이 났네. 말해 주게나, 미하일. 어째서 자네 몸에서 빛이 나며, 왜 세 번 웃었는지를."

　미하일이 대답했다.

　"제 몸에서 빛이 나는 것은 다름이 아니라 제가 하나님의 벌을 받았다가 이제 용서받았기 때문입니다. 또 세 번 웃은 것은 하나님께서 말씀하신 세 마디 진리를 깨달았기 때문입니다. 한 가지 말씀은 마트료나 아주머니가 나를 가엾게 여겨 보살펴 줄 마음이 생겼을 때 깨달을 수 있어 웃었고, 또 한 가지는 부자 신사가 장화를 주문하려 왔을 때 알 수 있었습니다. 그래서 웃었지요. 마지막은 방금 두 여자아이를 보았을 때 깨달았습니다."

세묜이 다시 물었다.

"그런데 미하일, 자네는 무슨 죄를 지어서 하나님의 벌을 받았나? 그리고 그 세 마디 말씀의 진리라는 것은 무엇인가?"

미하일이 대답했다.

"제가 벌을 받은 것은 하나님의 말씀을 거역했기 때문입니다. 원래 저는 하늘의 천사였어요. 하루는 하나님께서 한 여인의 영혼을 데려오라고 명령하셨습니다. 그래서 세상에 내려와 보니 그 여인은 몹시 쇠약한 몸으로 누워 있더군요. 방금 쌍둥이 딸을 낳았던 것입니다. 갓난아기는 엄마 곁에서 꼼지락거리고 있었지만, 엄마는 아기들에게 젖을 줄 힘도 없어 보였어요.

여인은 저를 보자 하나님께서 자신의 영혼을 거두어들일 사자를 보내신 것을 알고 울먹이면서 말했습니다. '아! 천사님! 제 남편은 숲 속에서 나무에 깔려 죽었습니다. 이 아이들에게는 돌봐 줄 할머니도 이모도 없어요. 제발 이 아이들을 키울 수 있도록 제 영혼을 가져가지 말아 주세요. 아이들은 부모 없이는 살지 못합니다.' 저는 그 여인의 애원하는 말을 듣고 한 아이를 안아 어머니의 젖을 물려주고, 한 아이는 어머니의 팔에 안겨 준 뒤 하늘 나라로 돌아갔습니다.

그리고 하나님께 나아가 말씀드렸습니다. '하나님! 저는 산모의 영혼을 빼앗아 올 수가 없었습니다. 남편은 나무에 깔려 목숨을 잃고, 아내는 쌍둥이를 낳고서 제발 자신의 영혼을 거두지 말아 달라고 제게 애원했습니다. 아이들은 부모 없이는 살 수 없으니 아이들이 클 때까지 자신의 손으로 키울 수 있도록 해 달라고요. 그래서 저는 산모의 영혼을 빼앗지 못했습니다.'

그러자 하나님께서는 다시 명령하셨습니다. '내려가서 산모의 영혼을 데려오너라. 그러면 세 가지 말의 뜻을 알게 될 것이다. 즉, 사람의 마음속에는 무엇이 있는가? 사람에게 주어지지 않은 것은 무엇인가? 사람은 무엇으로 사는가? 이 세 가지 말의 뜻을 알게 되는 날 다시 하늘나라로 돌아올 수 있을 것이다.' 저는 산모의 영혼을 데리러 다시 세상으로 내려왔습니다. 두 아기는 어머니의 가슴에서 떨어져 있었지만, 어머니의 시신이 침상 위에서 뒹굴며 한 아이 위로 쓰러지는 바람에 한쪽 다리를 못쓰게 됐습니다. 저는 여자의 영혼을 데리고 하나님께 올라가려고 했지요. 그런데 갑자기 바람이 휘몰아치며 제 날개를 꺾어 버리고 말았습니다. 그래서 그 여인의 영혼만 하나님 곁으로 올라가고, 저는 땅 위에 떨어져 웅크리고 있었던 것입니다."

11

세묜과 마트료나는 자기들과 함께 살면서 일해 온 사람이 누구인지 알게 되자 두려움과 기쁨으로 눈물을 흘렸다. 천사는 계속 말을 이었다. "나는 벌거벗은 채 홀로 버려져 있었습니다. 그 때까지 나는 인간의 부자유나 추위, 굶주림 같은 고통이 어떤 것인지 전혀 몰랐습니다. 그런데 갑자기 인간이 된 것입니다. 너무 춥고 배도 몹시 고팠지만, 어떻게 해야 할지 막막하기만 했지요. 그 때 들 한가운데에 하나님을 모시는 교회를 발견하고 몸을 피하기 위해 그 곳으로 갔습니다. 하지만, 교회 문은 잠겨 있어 안으로 들어갈 수 없었습니다. 날이 저물자 추위와 배고픔은 더욱 심해졌고, 몸은 차츰 얼어붙어 나는 완전히 병이 들어 버렸습니다.

그 때 어떤 사람이 중얼거리며 걸어오는 소리가 들렸습니다. 나는 인간이 되어 처음으로 언젠가는 반드시 죽어야 할 인간의 모습을 보았습니다. 한 손에는 장화를 든 그 사람이 하는 말을 자세히 들으니, 이 추운 겨울에 몸을 감쌀 옷과 가족들을 먹여 살릴 식량을 구하기 위해 어떻게 해야 하나 걱정하고 있었습니다. 나는 생각했습니다. '지금 나는 추위와 배고픔으로 죽을 지경이다. 그런데 저기 오는 사람은 자기와 아내가 입을 외투를 마련할 걱정과 식구들이 먹을 빵을 마련할 것만 고민하고 있다. 저 사람은 나를 도와줄 수 없다.' 그 사람은 나를 발견하자 얼굴을 찌푸리고 더욱 무서운 얼굴이 되어 지나가 버렸습니다. 기대를 걸었던 나는 곧 낙심하고 말았습니다. 그런데 갑자기 그 사람이 되돌아오는 소리가 들렸습니다. 내가 다시 그 얼굴을 쳐다 보니 좀 전에 본 그 사람이 아닌 것 같았습니다. 죽음의 그림자가 드리워졌던 얼굴에는 생기가 돌았습니다. 나는 그 얼굴에서 인자하신 하나님의 표정을 볼 수 있었습니다. 그 사람은 내 곁으로 다가와 자신의 옷을 벗어 입혀 주고 자기 집으로 데려갔습니다.

집에 도착하자 어떤 여자가 나왔습니다. 그 여자의 얼굴은 남자보다 더욱 무서웠습니다. 그 입에서 나오는 죽음의 입김 때문에 제대로 숨을 쉴 수도 없었습니다. 그 여자는 나를 추운 밖으로 쫓아내려고 했습니다. 만약 벌거벗은 나를 그대로 쫓아냈다면 여자도 당장 죽고 말았을 것입니다. 그러나 남편이 하나님 얘기를 하자 그 여자의 태도는 금세 바뀌었습니다. 우리에게 서둘러 저녁식사를 차려 주며 나를 쳐다보았습니다. 그 여자의 얼굴에는 어느 새 죽음의 그늘은 사라지고, 생기에 찬 밝은 표정이 엿보였습니다.

나는 그 얼굴에서 하나님의 모습을 보았습니다. 그 때 나는 '사람의 마음속에 있는 것이 무엇인지 알게 될 것이다.'라는 하나님의 첫 말씀이 생각났습니다. 그리고 나는 사람의 마음속에 있는 것은 사랑이라는 것을 깨달았습니다. 하나님께서 나에게 가르쳐 주려고 하셨던 약속을 이런 방법으로 깨닫게 해 주시는구나 하고 생각하자, 기뻐서 미소를 지었던 것입니다. 그러나 나머지 두 말씀을 알 수 없었습니다. '사람에게 주어지지 않은 것은 무엇인가, 사람은 무엇으로 사는가'라는 물음에 대한 해답을 찾을 수 없었던 것입니다.

이 집에서 생활한 지도 어느덧 일 년이 지났습니다. 그런데 어느 날 한 사나이가 와서 일 년 동안 닳지도, 터지지도, 일그러지지도 않는 구두를 만들어 달라고 주문했습니다. 문득 그 사람을 바라보니 그 사람의 뒤에는 내 친구인 죽음의 천사가 서 있었습니다. 나 이외에는 아무도 그 죽음의 천사를 볼 수 없었지만, 나는 그 날 해가 지기 전에 신사가 죽음을 맞이하게 될 것이라는 것을 알았습니다. 그래서 나는 생각했습니다. '이 신사는 일 년을 신어도 닳지 않을 구두를 만들어 달라고 주문하지만, 오늘 저녁 안으로 자기의 생이 끝날 것이라는 것을 모르고 있다.' 그 때 나는 '사람에게 주어지지 않은 것은 무엇인가'라는 하나님의 두 번째 말씀의 뜻을 알 것 같았습니다. 사람의 마음속에 무엇이 있는가는 이미 알았고, 이번에는 사람에게 주어지지 않은 것이 무엇인지 깨닫게 된 것입니다. 그래서 나는 두 번째로 얼굴에 미소를 머금을 수 있었습니다.

하지만, '사람은 무엇으로 사는가'라는 나머지 한 말씀은 그때껏 깨닫지 못했습니다. 나는 이 곳에서 생활하면서 하나님께서 마지막 세 번째 말씀을 깨우쳐 주실 때를 기다렸습니다. 6년 째 되는 오늘, 한 여인이 쌍둥이 여자아이 둘을 데리고 이 가게를 찾아왔습니다. 저는 그 아이들을 보는 순간 그 여인의 아이들이 죽지 않고 살아 있다는 것을 알게 되었습니다.

저는 생각했습니다. '자식을 키우게 해 달라는 그 어머니의 애원을 들었을 때, 나는 부모 없이는 아이들이 자랄 수 없을 것이라 생각했

다. 그러나 이렇게 다른 누군가가 아이들을 잘 기르고 있지 않은가.'
그리고 그 여인이 자신이 낳은 아이들도 아닌 두 쌍둥이를 가엾게 여
겨 눈물을 흘렸을 때, 살아 계신 하나님의 모습을 발견하였습니다. 그
리고 그 모습에서 사람은 무엇으로 사는가를 깨닫게 되었습니다. 하
나님께서 마지막 말씀의 뜻을 깨닫게 해 주시고 저를 용서하셨다는
것을 알고는 세 번째로 환한 미소를 지었던 것입니다."

12

그 순간 천사의 모습이 나타났는데, 온몸이 빛으로 둘러싸여 있어 똑
바로 쳐다볼 수 없었다. 그는 더 큰 목소리로 말했다. 그 소리는 스스로
말하는 것이 아니라, 하늘에서 울려오는 소리 같았다. 천사는 이렇게 말
했다.

"나는 이 깨달음을 통해 사람들은 자기 자신에 대한 걱정만으로 살아
가는 것이 아니라 사랑으로 살아간다는 것을 알았다. 아기들을 낳고
숨을 거둔 그 어머니는 자기 아이들의 생명을 위해 무엇이 필요한지
를 아는 것이 허락되지 않았다. 또, 부자 신사는 자기에게 무엇이 필
요한지 알지 못했다. 저녁때까지 무엇이 필요한지, 산 사람이 신을 구
두인지, 죽은 사람이 신는 슬리퍼인지를 아는 것이 허락되지 않았다.
내가 인간이 된 이후에 살아남을 수 있었던 것은 나의 걱정 때문이
아니라, 길을 지나가던 사람과 그 아내의 마음에 사랑이 있어 나를
불쌍히 여기고 사랑해 주었기 때문이다. 또한 두 고아가 잘 자랄 수
있었던 것도, 모두 그들의 생활을 염려해 주고 자신들이 생계를 염려
했기 때문이 아니라, 다른 여인의 마음속에 사랑이 있어 그 아이들을
불쌍히 여기고 사랑해 주었기 때문이다. 모든 사람은 자기의 걱정에

의해서가 아니라 마음속 깊은 곳에 있는 다른 사람에 대한 사랑으로 살아간다.

지금까지 나는 하나님께서 인간에게 생명을 주시고 모두가 잘 살아가도록 바라고 계시다는 것을 알았지만, 지금 나는 또 다른 한 가지를 더 깨달았다. 그것은 하나님께서는 인간이 뿔뿔이 흩어져 사는 것을 원치 않으신다는 것이다. 그렇기 때문에 인간 각자에게 필요한 것이 무엇인가를 가르쳐 주지 않으신 것이다. 모든 인간이 하나가 되기를 원하시기 때문에 자신을 위해서, 또 다른 사람들을 위해서 무엇이 필요한가를 계시하신 것이다. 이제야 나는 하나님의 뜻을 깨달았다. 인간이 각자 자신의 일만을 걱정하면서 살아갈 수 있다고 생각하는 것은 인간이 그렇게 생각하는 것일 뿐, 실은 사랑에 의해 살아가는 것이다. 사랑 속에 사는 자는 하나님 안에 살고 있는 사람이다. 하나님은 그 사람 안에 계신다. 왜냐하면, 하나님은 사랑이시기 때문이다."

말을 마친 천사는 하나님께 영광의 찬송을 드렸다. 그러자 그 웅장한 목소리로 집이 흔들리더니 이윽고 천장이 갈라지고 땅에서 하늘까지 불기둥이 치솟았다. 세몬과 마트료나, 아이들은 모두 땅바닥에 엎드렸다. 미하일의 등에서 날개가 돋아나서 활짝 펼쳐지더니 하늘로 올라갔다. 세몬이 정신을 차렸을 때는 집은 예전과 다름이 없었고, 방 안에 그들 가족 외에는 아무도 없었다.

사람에게는 얼마만큼의 땅이 필요한가

1

도시에 사는 한 여인이 시골에 사는 동생을 찾아갔다. 언니는 도시 상인과 결혼을 했고, 동생은 시골 농부의 아내였다. 언니와 동생은 함께 차를 마시며 세상 이야기와 그 동안 지냈던 이야기를 나누었다.

그 때, 언니가 도시 생활의 안락함에 대해서 이것저것 자랑을 늘어놓기 시작했다. 넓고 쾌적한 집에서 얼마나 남부럽지 않게 잘 살고 있는지, 아이들에게는 어떤 옷을 입히고, 자기 가족이 먹는 음식이 얼마나 호화로운가를 으스대고, 또한 마차를 타고서 산책을 하고 여행도 다니는 생활에 대해 자랑했다.

언니의 이야기를 들은 동생은 은근히 화가 치밀어, 도시에서 장사하는 상인들의 삶을 깎아 내리고 흉보며, 농촌에서의 생활이 도시에서의 삶보다 나은 점을 늘어놓았다.

"도시 생활이 아무리 좋다고 해도 난 내 생활과 언니 생활을 바꾸고 싶지 않아요. 우리 생활이 도시에서의 생활만큼 호화롭지는 않아도 마음의 근심 걱정 따위는 없으니까요. 도시가 물론 깨끗하고 수입도 좋지만, 도시에서 살다 보면 많은 것을 희생시킬 수밖에 없지요. 게다가 운이 좋으면 일확천금을 얻지만, 또 운수가 나쁘면 집뿐만 아니라 모든 것을 한순간에 잃고 말지요. 이런 속담도 있잖아요? '들어오는 것이 아무리 많더라도 나가는 것은 감당 못한다.' 라는. 하지만 우리 농부들의 생활은 안전하고 믿을 만해요. 큰 부자는 못 되어도 배고픈 일은 없지요."

언니가 다시 말을 이었다.

"배가 안 고프다고? 어떻게 그런 말을 할 수가 있니? 소나 돼지도 먹는 덴 걱정 없이 지낼 수는 있어! 하지만 이런 곳에서 아무리 땀흘려 일한다고 해도 좋은 옷 한 벌 변변히 입어 보지 못하고, 화려한 파티도 없잖아. 네 남편이 아무리 힘들게 일을 한다고 해도 이런 낡고 지저분한 집에서 살고, 또 너희 아이들도 장차 이와 똑같은 생활을 하게 되지 않겠니?"

동생이 말했다.

"하지만 우리는 이런 생활이 좋아요. 우리들 생활은 누구에게 굽실거리며 아부할 필요도 없고, 누군가를 두려워할 필요도 없어요. 그러나 도시에서의 생활은 많은 유혹과 불안 속에서 살아야 해요. 오늘은 그런대로 하루를 마쳤지만 내일은 또 어떤 일이 생길지 모르잖아요. 언니가 언제 어떤 유혹에 휩쓸리게 되는지, 형부가 어떤 악마의 유혹에 빠져 한순간에 모든 재산을 날리고 처량한 신세가 될지 알 수 없는 일이잖아요?"

동생의 남편 파홈이 난롯가에 누워 있다가 두 여인이 하는 이야기를 들었다.

"그건 맞는 말이에요. 우리 농부들은 어릴 때부터 어머니 품과도 같은 땅을 벗삼아 왔기 때문에 엉뚱한 생각 같은 건 하지 않죠. 우리들이 한 가지 근심하는 것이 있다면 땅이 넉넉하지 못하다는 것뿐이죠. 만약 내가 원하는 만큼의 땅을 가질 수 있다면 난 그 누구도 부러워하지 않을 거예요. 악마까지도 두려워하지 않을 거고요."

두 자매는 차를 마시며 좀더 이야기를 나눈 후, 찻잔을 치우고 잠자리에 들었다.

그런데 악마는 벽난로 뒤에 숨어서 그들이 하는 이야기를 모두 엿듣고 있었다. 왜냐하면 파홈이 자기 아내의 말에 동조하며 땅만 넉넉하다면 악마도 두렵지 않다고 큰소리를 쳤기 때문이다.

'어디 두고 보자. 네놈과 내가 한번 겨루어 보자. 내가 너에게 땅을 얼마든지 주지. 그리고 그 땅으로 너를 사로잡겠다.'

2

이 농부가 사는 마을에 이름은 바렌냐이지만 바렌카라는 애칭으로 불리는 품위 있는 지주가 살고 있었다. 그녀는 120데샤티나 정도의 땅을 소유하고 있었는데, 지금까지 소작인들과 큰 다툼을 벌이거나 싸우는 일 없이 원만한 관계를 유지하고 있었다. 그런데 군대에서 제대한 사나이가 새 관리인으로 들어오면서 문제가 생겼다. 이 사나이는 벌금을 물게 하여 농부들을 괴롭히기 시작했던 것이다.

파홈이 아무리 조심을 한다고 해도 그의 말이 귀리밭을 짓밟는다거나, 소가 그의 정원에 들어간다든가, 또는 송아지들이 목초지에 들어가 목장을 망친다거나 하는 일이 일어나고는 했다. 이런 일이 생길 때마다 관리인은 꼬박꼬박 벌금을 물렸다. 파홈은 벌금을 물 때마다 화가 몹시 나기도 했지만, 한편으로 자신의 우리 안에 가축이 있다는 사실이 즐겁기도 했다.

그런데 농사철이 끝난 겨울에 그 지주가 땅을 팔려 하는데, 큰길가에 사는 여관 주인이 그 땅을 사려 한다는 소문이 퍼졌다. 이 소문을 들은 다른 농부들은 한숨만 내쉴 뿐이었다.

"이제 큰일이야. 여관 주인이 땅을 갖게 되면 지금 지주보다 더 악독하게 벌금을 물릴 게 뻔하거든. 하지만 우리는 그 땅을 살 만한 돈도 없고, 게다가 이 땅을 떠나서는 살 수도 없으니."

농부들은 의논을 한 끝에 그 지주를 찾아가, 땅을 여관 주인에게 팔지 말고 농부들에게 팔 것을 애원했다. 땅 값은 여관 주인보다 더 많이 지불하겠다고 약속했다. 결국 지주는 승낙했다.

농부들은 조합을 결성하여 그 땅을 모두 사기로 하고 여러 번 모임을 가졌지만 좋은 결론이 나지 않았다. 악마가 몰래 끼어들어 훼방을 놓고 의견일치를 보지 못하도록 그들 사이를 갈라놓았기 때문이다.

결국 농부들은 자기의 능력에 맞게 적당한 땅을 각자 사기로 결정했다. 지주도 농부들의 결정에 동의했다.

파홈은 자기 이웃에 사는 사람이 20데샤티나의 땅을 샀는데, 땅값의 반은 1년 내에 갚기만 하면 된다는 소문을 들었다.

'다른 사람들이 그 땅을 모두 사 버리면 나만 땅을 잃게 되고 말 거야. 이를 어쩐다……'

이렇게 생각한 파홈은 아내와 의논했다.

"다른 사람들이 땅을 사들이고 있으니, 우리도 10데샤티나 정도는 사야 되겠어. 그렇지 않으면 살아가기 힘들어질 거야. 그 관리인이 너무 많은 벌금을 물려서 우리를 너무 힘들게 할 테니까."

파홈 부부는 땅을 살 수 있는 방법을 궁리하기 시작했다. 그들이 저축해 둔 돈은 100루블 정도였다. 파홈 부부는 땅을 사기 위해 망아지 한 마리와 꿀벌을 절반 정도 팔고, 아들은 다른 집 일꾼으로 내보냈다. 그리고 처남에게 모자란 돈을 빌려서 겨우 땅값의 반 정도를 마련할 수 있었다.

파홈은 자기가 모은 돈으로 살 수 있는, 숲이 우거진 15데샤티나 정도의 땅을 정하고 땅을 사기 위해 지주를 찾아갔다. 곧 매매 계약이 성립되자 파홈은 땅값의 반 정도를 지불하고 나머지는 2년 내에 갚기로 하였다.

드디어 파홈은 자기 땅을 가지게 되었다. 그는 씨앗을 사다가 그 땅 위에 뿌리고 농사를 짓기 시작했다. 그 해 농사는 큰 풍년이었다. 일 년 만에 파홈은 지주와 자기 처남에게 진 빚을 모두 갚을 수 있었다. 그래서 파홈은 지주가 되었다.

그는 자기 땅을 일구어 거기에 씨를 뿌렸다. 또한 자기 땅에서 건초를 마련하고, 자기 땅에서 땔감을 만들고, 자기 땅에서 가축을 기르게 된 것이다. 파홈은 자기의 넓은 밭을 관리하기 위해 부지런히 말을 타고 돌아다녔다. 예전에는 한낱 밟고 다니는 땅으로만 여겼던 이 땅이 지금은 완전히 다른, 특별한 땅으로 여겨지기 시작했다.

3

파홈은 즐거운 나날을 보냈다. 농부들이 그의 농작물들이나 목초지를 망치기 시작하지만 않았다면 모든 것이 만족스러웠을 것이다. 그는 곡식들과 목장을 짓밟지 말아 달라고 농부들에게 부탁도 해 보았지만 소용이 없었다. 어떤 날은 이웃집의 말들이 파홈의 목장 안으로 침입하기도 했다.

파홈은 그런 일이 있을 때마다 쫓아내기만 할 뿐, 재판소에 고발하거나 하지는 않았다. 그러나 이런 일이 자주 일어나자 결국 파홈은 재판소에 해결을 맡기게 되었다. 농부들이 그렇게 하는 것은 자기가 소유한 땅이 워낙 좁아서 다른 사람의 땅을 침범하지 않고는 가축을 키울 수 없었기 때문이다. 파홈도 이런 이유 정도는 알고 있었지만, 농부들을 한

번쯤은 혼을 내주어야겠다고 생각한 것이다. 파홈은 자신에게 이렇게 말했다.

'이런 일을 그냥 지나칠 수는 없어. 안 그러면 농부들은 내 땅에다 자기들의 목장을 마구 만들어 놓고 말 거야. 그러니 이 기회에 본때를 보여 줘야겠어.'

파홈은 농부들 몇 명을 법정으로 끌고 가 벌금을 물도록 했다. 이웃들은 파홈을 욕하기 시작했고, 파홈에게 더욱 나쁜 감정이 생겨 일부러 파홈의 목장과 농작물을 짓밟아 망가뜨리기도 했다. 어떤 사람은 한밤중에 파홈의 숲에 몰래 들어가 12그루나 되는 참피나무를 잘라 버리기도 했다. 이 나무는 인피섬유를 만들 수 있는 나무였다. 다음 날 파홈이 숲에 가 보니 참피나무의 가지들은 숲 여기저기에 흩어져 있고 밑둥만 덩그러니 남아 있었다. 파홈은 화가 머리끝까지 치솟았다.

'어느 놈인지 잡히기만 해 봐라. 가만두지 않겠다. 다시는 이런 나쁜 짓을 못하게 해 줄 테다.'

파홈은 이리저리 생각해 보았다.

'누굴까? 누가 이런 짓을 했을까? 쇼므카란 놈이 그랬을 거야. 그녀석이 아니면 이런 짓을 할 사람이 없어.'

파홈은 쇼므카의 집으로 가서 증거를 찾아보았지만, 쇼므카와 말다툼만 벌이고 돌아왔을 뿐 아무 단서도 잡을 수 없었다. 하지만 파홈은 쇼므카의 짓이 분명하다고 확신하고, 쇼므카를 법정에 고소했다.

어느 날 두 사람은 재판을 하기 위해 법정에 출두했다. 그러나 아무런 증거가 없었기 때문에 쇼므카에게 무죄가 선고되었다. 파홈은 분한 마음에 재판장과 마을 읍장들에게 화를 내었다.

"당신들은 모두 도둑놈 편이야. 당신들이 정말 정직하고 훌륭한 사람들이라면 도둑놈에게 무죄라고 선고하는 이런 어리석은 행동은 하지 않을 거요."

파홈은 마을 사람들과도 다투었다. 농부들은 큰 화재를 일으켜 다치게 하겠다고 파홈을 위협하기 시작했다.

파홈은 많은 땅을 가지게 되었지만, 마을 사람들의 인심을 잃어 가난했던 지난날보다 더욱 외롭고 쓸쓸하게 살아가지 않으면 안 되었다.

파홈이 이렇게 곤경에 처해 있을 때, 마을 사람들이 새로운 곳으로 떠나려 한다는 소문이 퍼졌다. 이 소식을 들은 파홈은 곰곰이 생각해 보았다.

'나는 내 땅을 버리고 다른 곳으로 갈 필요가 없지. 하지만 이웃 사람들이 떠나 버리고 나면 주인 없는 땅이 많이 생길 거야. 그러면 나는 더 많은 땅을 차지할 수 있을 테고, 지금보다 더 풍족한 생활을 할 수 있을 거야. 지금 내가 가지고 있는 땅은 터무니없이 좁단 말이야.'

어느 날, 그 지방을 떠돌아다니던 어떤 농부가 파홈의 집을 찾아왔다. 파홈과 그의 아내는 떠돌이 농부가 하룻밤 묵어 가는 것을 허락했다. 그리고 식사를 대접하며 이런저런 세상 돌아가는 이야기를 나누었다.

"그런데 어디서 오시는 길인가요?"

농부는 볼가 강 건너에서 왔는데 그 곳에서 일을 했다고 대답했다. 농부는 자기가 일하던 곳에 많은 사람들이 새로 이주해 왔다고 했다. 사람들은 그 곳에서 조합을 만들어 한 사람당 10데샤티나만큼의 땅을 가졌다고 말했다.

"그 땅은 아주 비옥하답니다. 그래서 호밀이나 보리의 싹을 뿌리면 소나 말 잔등이 보이지 않을 정도로 풍년이 들지요. 어찌나 쑥쑥 잘 자라고 굵은지 그토록 잘 여문 곡식은 아직까지 본 적이 없을 정도예요. 어떤 가난한 농부는 빈손으로 왔다가 지금은 말 여섯 필에다가 소를 두 마리 가지고 있지요."

떠돌이 농부의 말을 들은 파홈의 마음은 흔들리기 시작했다.

'그렇게 살기 좋은 땅이 있는데 내가 왜 이런 좁은 땅에 남아 가난하게 살아야 되지? 당장 이 곳에 있는 집과 땅을 팔고 그 돈으로 새로운 곳에서 새 출발을 하자. 이 비좁은 땅에서 살다 보면 심보만 고약해지고 죄만 짓게 된단 말이야. 떠나기 전에 먼저 그 곳에 가서 좀더 알아봐야겠어.'

여름이 되자 파홈은 그 곳 사정을 알아보기 위해서 출발했다. 사마라에 도착한 뒤로는 증기선을 타고 볼가 강을 거슬러 올라갔다. 그리고 다시 4백 베르스타를 걸어 겨우 목적지에 도착했다.

모든 것이 소문 그대로였다. 농부들은 각자 10 데샤티나의 농장을 분배받아 풍족한 생활을 하고 있었다. 그리고 이주해 온 사람들은 모두 조합에 가입되어 있었다. 그뿐 아니라 누구든지 돈을 가지고 있으면 기름진 좋은 땅을 3루블씩만 주면 살 수 있었다. 자기가 원하는 대로 땅을 구입할 수 있는 것이다.

그 곳 사정을 철저히 조사하고 난 뒤 파홈은 고향으로 돌아가 땅과 집을 팔기 시작했다. 가축도 모두 팔아 버렸다. 파홈은 그 지역의 조합에서 탈퇴하고 봄이 되기를 기다렸다가 가족과 함께 새로운 땅을 향해 떠났다.

4

가족과 함께 새로운 땅에 도착한 파홈은 곧바로 큰 마을의 조합에 등록을 했다. 그는 마을 어른들을 초대하여 보드카를 대접하며 인사를 하고 또 필요한 서류들을 준비했다. 파홈은 곧 마을의 정식 조합원이 되고 다섯 명의 가족에 대한 분량으로 토지 50데샤티나를 배정받았다. 파홈은 가축을 사서 길렀다. 파홈은 이전에 가지고 있던 땅보다 3배나 넓은 땅을 가지게 되었는데, 모두 비옥하고 기름진 땅이었다. 살림살이도 예전에 비해 열 배나 풍족해졌다. 파홈은 자기에게 필요한 만큼의 경작지와 가축의 사료를 가지고 있었고, 원하는 만큼 많은 가축을 기를 수 있었다.

처음에 도착해서 이것저것 집안일들을 정리할 때에 파홈은 기쁜 마음에 어쩔 줄을 몰라했다. 그러나 차츰 생활이 안정되고 살림이 늘어나자 자기가 가지고 있는 땅이 너무 좁게만 느껴졌다. 파홈은 이 곳에 온 첫 해에는 밭에 밀을 파종했다. 그 해 농사는 대풍이었다.

파홈은 더 많은 밀을 농사짓고 싶어졌다. 하지만 자기의 땅으로는 어림도 없었다. 여기에서는 놀리고 있는 땅에 밀을 파종했다. 1년이나 2년 동안 파종을 하다가 잡초가 다시 자랄 때까지 농사를 짓지 않는 휴경지로 묵혀 두는 것이다.

하지만 이 지방에서는 이런 땅을 원하는 사람들이 많아서 모두에게 원하는 만큼의 땅을 줄 수는 없었다. 놀리고 있는 땅을 서로 사기 위해 다툼이 생기는 경우도 종종 있었다. 돈이 있는 사람은 스스로 땅을 사들여 경작을 했지만, 가난한 사람들은 으레 장사꾼들에게 빚을 얻어 써야만 했다.

파홈은 더 많은 땅에 씨를 뿌리고 싶었다. 다음 해에 상인을 찾아간 파홈은 1년 기간으로 땅을 빌렸다. 그 땅에 더 많은 밀을 심었고, 가을이 되자 또 풍년이 들었다. 그러나 이 새로운 땅은 마을에서 15베르스타나 멀리 떨어져 있었기 때문에 농작물을 운반하기가 여간 불편하지 않았다. 그 근방에 있는 농민들은 농사를 짓고 장사도 하면서 많은 돈을 벌어들였다.

'바로 그거야. 나도 저 사람들처럼 땅을 사들여서 완전히 내 것으로

만들어 농원이라도 경영한다면 지금보다 훨씬 많은 돈을 모을 수 있을 거야.'

이렇게 생각한 파홈은 어떻게 하면 그 토지를 자기 것으로 만들 수 있을 것인가 고민하기 시작했다.

어느덧 세월이 흘러 3년이 지났다. 파홈은 해마다 땅을 빌려 더 많은 밀을 심었다. 해마다 밀은 잘 자라 풍년이 들었다. 농사를 짓고 남는 돈은 언제나 저축을 했다.

시간이 지남에 따라 파홈은 남의 땅을 빌려 농사를 짓는 일이 못마땅하게 여겨졌다. 쓸 만한 땅이 생기면 농부들은 어느 새 그 땅을 빌려 전부 나누어 가졌다. 조금만 늦어 땅을 빌리지 못하면 한 해 농사를 할 수 없게 되는 것이다. 파홈은 항상 다른 사람보다 너무 늦어 싼값으로 땅을 살 기회를 잃고는 했다.

'내 땅만 있으면 누구에게도 머리를 숙이며 아첨하는 일 따위의 일은 하지 않아도 될 텐데……'

파홈은 완전히 자기 것으로 만들 수 있는 땅을 찾아보기 시작했다. 그러던 어느 날, 파홈은 한 농부가 빚 때문에 자기가 가지고 있던 5백 데샤티나의 땅을 팔려고 한다는 소문을 들었다.

파홈은 그 농부를 찾아가 흥정을 했다. 여러 차례 설득을 한 끝에 1천 루블에 계약을 결정하고 땅값은 반은 현금으로, 나머지 절반은 저당을 잡히는 조건으로 계약을 했다.

흥정이 끝날 무렵에 한 행상인이 우연히 집 앞을 지나가다가 파홈에게 먹을 것을 좀 달라고 부탁했다.

함께 차를 마시며 파홈과 상인은 여러 가지 세상 돌아가는 소식들을 이야기했다. 상인은 멀리 떨어진 바쉬키르 지방에서 오는 길이라고 말하며 자기의 여행 이야기를 들려주었다.

"저는 바쉬키르 지방에서 1천 5백 데샤티나의 땅을 샀어요. 단 1천 루블에 말이죠."

상인의 말에 호기심이 생긴 파홈은 이것저것 물어 보았다.

"1천 루블이라는 터무니없이 싼 가격에 땅을 샀다고 해도 하나도 이상할 것이 없어요. 그 곳에 계신 어른들에게 잘 해 드린 것뿐이죠. 2백 루블 정도 나가는 옷과 카펫과 차 한 상자를 나누어 드렸습니다. 그리고 술을 좋아하시는 분들에게는 술을 선물로 드렸죠. 그리고 1데 샤티나에 20코페이카(1/100루블)라는 아주 싼값에 땅을 산 것입죠."

상인은 이렇게 말하며 소유권 등기 서류를 파홈에게 보여 주었다.

"그 땅은 작은 강을 끼고 있어서 온통 풀로 덮여 있는 넓은 평원이랍니다."

파홈은 어떻게 그렇게 할 수 있는지, 누구와 거래를 했는지 등 상인에게 몇 가지를 더 물어 보았다.

"그 땅은 너무 넓어서 1년 걸려도 다 돌아보지 못할 정도입니다. 모두 바쉬키르 원주민들의 땅이지요. 그런데 그 원주민들은 게으르고 어리석어서 그처럼 헐값에 땅을 살 수 있는 것이랍니다."

"그렇다면……."

파홈은 상인의 이야기에 감탄하면서 생각했다.

'내가 왜 고작 500데샤티나의 땅에 1천 루블을 지불하면서 돈을 허비해야 하는가? 게다가 땅을 빌리기 위해 진 빚까지 짊어지고 있으니……. 바쉬키르에만 가면 1천 루블로 얼마든지 많은 땅을 가질 수 있다는데…….'

5

파홈은 그 곳으로 가는 길을 자세히 물었다. 그리고 상인이 떠나자 곧바로 그 곳으로 떠날 채비를 했다. 그는 아내에게 집안일을 부탁하고 일꾼과 함께 집을 나섰다. 지나가는 길에 큰 도시에 들러 상인이 말한 것과 같이 차 한 상자와 각종 선물, 술 등 많은 물건을 샀다. 그들은 길을 재촉하여 일주일 만에 목적지인 바쉬키르의 유목지에 도착했다.

모든 것이 상인이 말한 그대로였다. 그 곳 사람들은 작은 강을 따라 펼쳐진 초원 위에 모피를 두른 수레를 여기저기 세워 놓고 그 속에서 생활했다. 그들은 농사를 짓지도 않았고 빵을 먹지도 않았다. 널따란 초원 여기저기에는 소와 말들이 떼를 지어 풀을 뜯고 있었고, 여인들은 말에서 젖을 짠 우유로 술도 담고 치즈도 만들었다.

그들이 하는 일이란 차를 마시며 양고기를 먹고 갈대 피리를 불 뿐이었다. 모두 건강하고 쾌활하며 예의가 바르고, 여름 내내 축제 기분으로 아무 일도 하지 않으며 지냈다. 사람들은 모두 글을 못 읽을 뿐만 아니라 러시아 말도 할 줄 몰랐지만, 매우 친절했다.

파홈 일행을 보자 바쉬키르 주민들은 수레에서 몰려 나와 손님을 에워쌌다. 그 중에서 러시아 말을 할 줄 아는 사람이 인사를 했다. 파홈은 땅을 보기 위해 방문했다고 말했다. 바쉬키르 사람들은 매우 기뻐하며 파홈을 데리고 양탄자가 깔려 있는 제일 좋은 천막으로 안내하고 차와 술을 대접했다. 또 양을 잡아 양고기 요리도 권했다.

파홈은 짐을 풀어 미리 준비한 선물을 그들에게 나누어 주었다. 선물을 받은 바쉬키르 사람들은 좋아 어쩔 줄을 몰라했다. 그들은 자기들끼리 왁자지껄 떠들더니 통역자를 시켜 자신들의 말을 전달했다.

"이 사람들이 전해 달라고 하는군요. 당신이 맘에 든다고요. 그래서 여기 풍습대로 손님을 기쁘게 해 드리기 위해 무슨 일이라도 해서 보답을 하려고 합니다. 당신이 우리에게 선물을 주셨으니, 이제 우리들이 가지고 있는 것 중에서 당신이 원하는 것을 가져가세요. 무엇이든지 드리겠습니다."

"감사합니다. 제가 가장 갖고 싶은 것은 무엇보다도 여러분들의 땅입니다. 제가 사는 땅은 너무 좁을 뿐만 아니라 너무 오래 농사를 지어서 완전히 황폐해져 있어요. 그러나 당신들은 비옥한 땅을 많이 갖고 있군요. 저는 이렇게 좋은 땅을 이제껏 본 적이 없습니다."

통역자는 파홈의 말을 바쉬키르 사람들에게 전했다. 바쉬키르 사람들은 서로 의견을 나누었다. 그들이 하는 말을 파홈은 전혀 이해할 수는 없었지만, 그들이 왁자지껄하게 떠들며 유쾌하게 웃고 있는 것을 알 수 있었다.

잠시 후 조용해지더니 파홈을 바라보며 통역자가 말했다.

"이 사람들은 당신의 친절에 보답하기 위해서 당신이 원하는 만큼의 땅을 드리겠답니다. 당신의 생각을 말씀해 보세요. 그러면 얼마든지 땅을 드리겠습니다."

그들은 논의를 계속하다가 목소리를 높여 다투기 시작했다. 그래서 파홈은 그들이 왜 다투는지 통역자에게 물었다.

"몇몇 사람들이 촌장의 승낙 없이 땅을 줄 수는 없다고 하는군요. 촌장에게 여쭤 보고 땅을 주자고 하는 사람과 촌장의 승낙 없이도 땅을 줄 수 있다고 하는 쪽이 서로 다투고 있어요."

6

바쉬키르 사람들은 시끄럽게 이야기하며 계속 다투었다. 그 때 여우 털 모자를 쓴 사나이가 천막 안으로 들어왔다.

떠들던 사람들은 모두 조용해지며 자리에서 일어섰다. 통역자가 파홈에게 말했다.

"이 분이 바로 저희 촌장 어른이십니다."

파홈은 얼른 일어나, 자기가 갖고 온 옷 중에서 제일 비싸고 좋은 것을 꺼내어 촌장에게 드리고, 차도 선물했다. 촌장은 선물을 받아들고 곧 자리에 앉았다. 바쉬키르 사람들은 지금 논의되고 있는 이야기를 촌장에게 설명했다. 촌장은 그들의 말을 듣고 있다가 사람들에게 조용히 하라는 뜻으로 고개를 끄덕이고는 러시아 어로 파홈에게 말했다.

"좋소. 아무 곳이나 당신이 원하는 땅을 가지시오. 땅은 얼마든지 있으니까."

'아, 내가 갖고 싶은 만큼 얼마든지 땅을 가질 수 있다니! 이런 일은 망설이지 말고 바로 결정해야 돼. 나에게 땅을 주겠다고 했지만 금세 마음이 바뀌어 다시 빼앗을지도 모르니까.'

이렇게 생각한 파홈은 촌장에게 말했다.

"감사합니다. 어떻게 감사를 드려야 할지 모르겠군요. 저는 여러분들의 넓은 땅을 구경했지만 그렇게 많은 땅을 원하지는 않습니다. 어떤 땅이 제 땅인지만 알려 주십시오. 그 대신 제가 가지게 된 땅의 주인은 저라는 것을 분명히 했으면 좋겠습니다. 세월이 흐른 뒤에 당신들의 후손들이 도로 빼앗아 갈지도 모르니까요."

"당신 말이 맞군요. 그럼, 그렇게 해 드리지요."

촌장의 말을 들은 파홈은 다시 말을 꺼냈다.

"어떤 상인의 말을 들으니 당신들은 그 사람에게 땅을 팔고 계약서를 작성해 주었다고 하더군요. 저에게도 그렇게 해 주십시오."

촌장은 파홈의 말뜻을 모두 이해했다.

"그렇게 하지요. 우리 마을에 그런 일을 처리하는 서기가 있으니, 그 사람이 서류를 만들어 드릴 것입니다."

"땅값은 얼마나 하나요?"

파홈이 물었다.

"우리 마을에서는 언제나 일정합니다. 하루당 1천 루블이지요."

파홈은 그 말의 뜻을 쉽게 이해할 수 없었다.

"하루당이라고요? 그것은 대체 얼마 정도를 말하는 건가요?"

촌장이 말했다.

"우리 바쉬키르 사람들은 당신들이 사용하는 데샤티나로는 땅을 잴 줄 모릅니다. 우리들은 하루치로 땅을 팔지요. 하루 동안에 당신이 돌아보는 곳 전부가 당신 땅이 됩니다. 그 하루당 가격이 1천 루블이라는 말입니다."

파홈은 깜짝 놀라 말했다.

"하지만 하루 동안에 돌아보는 땅은 아주 넓은 땅일 텐데 어떻게 표시를 하지요?"

파홈이 묻자 촌장은 대답했다.

"그건 염려하지 않아도 됩니다. 아무 곳이나 당신이 원하는 지점을 골라 거기서부터 출발하십시오. 그리고 원을 한 바퀴 그리며 돌아오십시오. 그 때 괭이를 가지고 가서 당신이 마음에 두는 곳에 표시를 하고 작은 구멍을 만들어 그 안에 잔디를 넣어 두십시오. 우리는 그 구덩이와 구덩이를 쟁기질로 연결하면 됩니다. 어떤 방법으로 돌아다니든지 그것은 당신 좋을 대로 하십시오. 단 한가지, 절대 잊지 말아야 할 것이 있습니다. 당신은 해가 지기 전에 출발했던 곳으로 다시 되돌아와야 한다는 것입니다. 그러면 당신이 그린 땅은 모두 당신의 소유가 됩니다. 하지만, 해가 지기 전에 출발점으로 돌아오지 못하면 당신이 표시한 땅은 모두 무효가 되는 것입니다."

촌장의 말을 들은 파홈은 뛸 듯이 기뻤다. 다음 날 아침 일찍 출발하기로 하고, 술과 양고기를 마시며 함께 이야기를 나누었다.

어느덧 날이 저물었다. 바쉬키르 사람들은 파홈에게 포근한 털이불로 덮인 잠자리를 마련해 주고, 각자의 천막 수레로 돌아갔다. 내일은 아침 일찍 출발점에 모이기로 약속을 했다.

7

파홈은 자리에 누웠지만 잠이 오지 않았다. 온통 땅에 관한 생각 때문에 쉽게 잠을 이룰 수 없었던 것이다.

"될 수 있는 대로 아주 넓은 땅을 차지할 수 있도록 해야지. 하루 동안에 50베르스타 정도는 충분히 걸을 자신이 있어. 50베르스타 둘레의 원이라면 굉장히 넓은 면적일 거야. 그 중 토질이 나쁜 부분이 있으면 팔거나 다른 농부들에게 빌려 주고, 제일 좋은 땅을 골라서 농사를 지어야지. 두 마리 소가 끌 만한 쟁기를 사고, 머슴도 두서넛 두어야겠어. 50데샤티나 정도만 경작을 하고 나머지는 목장을 만들어 가축을 기르면 좋을 거야."

파홈은 그날 밤을 뜬눈으로 보내고 새벽이 되기 바로 직전에야 겨우 잠이 들었다. 그리고 잠이 들자마자 꿈을 꾸었다. 천막 밖에서 누군가 낄낄거리는 소리가 들렸다. 자리에서 일어나 밖을 내다보니 촌장이었다. 무엇 때문인지 촌장은 배를 움켜잡고 큰 소리로 낄낄거리며 웃고 있었다. 파홈은 왜 그렇게 웃고 있는지 촌장에게 물었다. 그런데 바로 그 때 촌장의 모습은 온데간데 없고, 자기에게 이 곳을 소개시켜준 떠돌이 농부가 거기에 서 있었다. 파홈이 말을 걸려고 보니, 그 떠돌이 농부가 아니라 오래 전에 볼가 강을 따라 내려간 농부의 모습이었다. 그런데 곧 그 농부의 모습도 사라지고 이제는 뿔과 발톱을 가진 무서운 악마가 앉아 웃고 있었다. 악마의 발밑에는 한 사나이가 쓰러져 있었다. 파홈은 그 사람이 누구인지 알아보기 위해 조심스럽게 다가가 살펴보니, 그 사나이는 이미 죽어 있었다. 파홈은 곧 그 사람이 다름아닌 자기 자신이라는 것을 알았다. 파홈은 깜짝 놀라 눈을 번쩍 떴다. 그것은 꿈이었다.

"아, 꿈이었군!"

열려 있는 문틈으로 밖을 내다보니 어느 새 날이 밝아 아침 햇살이 비치고 있었다.

'사람들이 일어나고 있을 거야. 벌써 출발점으로 나갈 시간이 되었군. 어서 서둘러야겠다.'

파홈은 자리에서 일어나 여행 마차에서 자고 있는 하인을 깨웠다. 그는 하인에게 말을 마구에 매도록 이르고 바쉬키르 인들을 깨우러 갔다.

"출발할 시간이 다 됐습니다."

바쉬키르 인들이 모여들었다. 조금 뒤 촌장도 나왔다. 바쉬키르 인들은 우유술을 마시며 하루를 시작하고 있었다. 그들은 파홈에게 차를 권했지만, 파홈은 조금도 지체하고 싶지 않았다.

"빨리 갑시다. 시간이 다 됐어요."

8

바쉬키르 사람들은 말과 마차를 타고 출발했다. 파홈도 삽을 들고 하인과 함께 마차를 타고 출발 지점으로 향했다. 초원에 도착하자 벌써 날이 밝았다. 바쉬키르 인들은 '쉬한'이라고 부르는 언덕에 이미 도착하여 모여 있었다.

촌장이 파홈에게 다가와 손으로 땅을 가리키며 말했다.

"눈에 보이는 이 넓은 초원 모두가 우리의 땅입니다. 그러니 당신이 마음에 드는 곳을 고르십시오."

파홈의 두 눈은 빛나고 가슴은 한없이 뛰었다. 땅은 모두 무성한 풀로 덮여 있는 초원이었고, 손바닥처럼 평평했으며, 검은빛은 매우 기름져 보였다. 그리고 약간 우묵한 곳에는 사람의 가슴 높이 정도로 여러 가지 잡초가 자라나 있었다.

촌장은 여우털 모자를 벗어 땅 위에 놓으며 말했다.

"이 곳을 출발점으로 합시다. 이 곳에서 출발하여 이 곳으로 돌아오면 됩니다. 돌아본 땅은 전부 당신의 것이 되는 것입니다."

파홈은 돈을 꺼내어 그 모자 속에 넣었다. 그리고 상의를 벗고 조끼 바람으로 허리끈을 단단히 매었다. 또 빵이 든 작은 주머니는 목에 걸고 허리끈에 물병을 찬 뒤 장화 끈도 단단히 매었다. 마지막으로 하인에게서 삽을 건네 받고 모든 출발 준비를 끝냈다.

떠날 채비를 마치자 파홈은 어느 쪽을 택하는 것이 좋을지 깊이 생각했다. 어디를 둘러봐도 다 좋은 땅이었다.

'모두 기름진 땅이야. 절대로 시간을 낭비해서는 안 돼. 해가 뜨는 쪽으로 가야겠어.'

파홈은 동쪽 하늘을 쳐다보고 몸을 흔들며 지평선 위로 해가 솟아오르기를 기다렸다.

해가 뜨자 파홈은 삽을 어깨에 메고 드넓은 초원 위로 발걸음을 옮겼다. 파홈은 너무 느리지도 너무 빠르지도 않은 속도로 걸었다. 1베르스타 쯤 걷다가 구덩이를 파고 그 속에 잔디를 넣어 눈에 띄도록 해 두었다. 파홈은 멀리까지 갔다. 시간이 지날수록 발걸음은 점점 빨라졌다. 걷다가 작은 구덩이를 파고, 또 가다가 구덩이를 파고 하면서 계속 앞으로 나아갔다.

파홈은 주위를 둘러보았다. 햇빛 아래의 쉬한 언덕이 손에 잡힐 듯 시야 속에 들어왔다. 언덕 위에 사람들이 서 있는 것이 보였다. 마차 바퀴가 반짝거리는 것도 보였다. 파홈은 자기가 5베르스타쯤 걸었을 것이라고 추측했다. 점점 덥게 느껴져 조끼를 벗어 어깨에 둘러메고 걸음을 재촉했다. 날이 점점 무더워지기 시작했다. 그는 태양을 쳐다보았다. 어느 새 아침때가 된 모양이었다.

'하루 중 4분의 1이 지났군. 하지만 벌써 오던 길을 되돌아가기에는 너무 이르지. 장화만 좀 벗어야겠다.'

파홈은 장화를 벗어 허리띠에 매고 걷기 시작했다. 걷기가 훨씬 편했다. 그는 중얼거렸다.

"5베르스타만 더 가서 왼쪽으로 꺾자. 이 곳은 땅이 아주 좋은걸. 이 땅을 포기하고 그냥 돌아가기에는 너무 아까워."

파홈은 자꾸자꾸 앞으로 나아갔다. 땅은 점점 더 비옥해져만 갔다. 방향을 바꿀 생각을 않고 계속 앞으로만 걷던 파홈은 뒤를 돌아다보았다. 이제는 쉬한 언덕이 거의 보이지 않았고 사람들도 조그마한 개미처럼 보였다.

"이제 왼쪽으로 꺾어야겠군. 이 정도면 충분할 거야. 땀을 너무 흘렸더니 목도 말라."

파홈은 걸음을 멈추고 그 자리에 구덩이를 파서 잔디를 넣어 두고 나서 물통 마개를 열어 물을 마셨다. 그러고는 곧장 왼쪽으로 꺾었다. 그는 걷고 또 걸었다. 풀은 길고 무성해서 걷기도 힘들었고, 날씨는 매우 더웠다. 파홈은 점점 온몸에 기운이 빠지고 피곤해지기 시작했다. 해를 쳐다보니 점심 때가 다 되었다.

"여기서 좀 쉬어 가야지."

파홈은 걸음을 멈추고 앉아서 물과 빵을 먹었다. 누우려고도 하지 않고 곧바로 다시 일어나 걷기 시작했다.

"조금 쉬려고 누웠다가는 잠이 들어 버릴지도 몰라."

파홈은 자신을 타일렀다.

빵을 먹고 나자 걷기가 한결 수월해지고 힘도 솟았다. 그러나 날씨는 점점 더 더워지고, 햇살은 강렬히 내리쬐어 걷는 중에도 졸음이 왔다. 어느덧 해가 기울기 시작했다. 그러나 파홈은 여전히 앞으로 앞으로 계속 나아갔다.

"한 시간만 더 견디자. 그러면 평생을 행복하게 살 수 있다."

그는 계속 걸었다. 그러다가 막 왼쪽으로 돌려고 하는 순간, 촉촉한 토양의 습지가 나타났다. 파홈은 이 땅을 버리기가 너무나 아까웠다. 결국 습지를 택해 먼 가장자리에다 구덩이를 파서 잔디를 넣어 두고는 두 번째 모퉁이를 돌았다.

파홈은 쉬한 언덕 쪽을 바라다보았다. 땅의 열기 때문에 아른거릴 뿐 언덕 위에 서 있는 사람들의 모습은 거의 보이지 않았다.

"아까는 긴 쪽을 택했으니까 이번에는 좀 짧게 잡아야겠어."

파홈은 세 번째 방향을 향해 출발했다. 그는 점점 발걸음을 빨리 하려고 애썼다. 해를 바라다보니 이미 서쪽으로 기울어 떨어지고 있었다.

세 번째 방향으로 단지 2베르스타밖에 걷지 못했는데, 출발점까지는 아직도 15베르스타나 남아 있었다.

"이거 큰일인데. 평평한 토지가 아니어도 이제는 할 수 없어. 서둘러 돌아가야지. 이 정도만이라도 꽤 많은 땅일 거야."

파홈은 급히 서둘러 작은 구덩이를 파서 표시를 하고는 곧바로 출발점인 쉬한 언덕을 향하여 걸었다.

9

파홈은 이제 지칠 대로 지쳐 몹시 피로했다. 쉬한 언덕을 향하여 걷는 것이 힘겹게 느껴졌다. 온몸은 땀으로 젖었고, 맨발은 찢기고 상처투성이가 되었다. 파홈은 너무나 쉬고 싶었지만, 그럴 수는 없었다. 출발점에 닿기 전까지는 걸음을 멈출 수 없는 것이다. 해는 자꾸만 뉘엿뉘엿 기울고 있었다.

"아아! 내가 너무 욕심을 부렸나? 지나치게 많은 땅을 차지하려고 한 것 같아."

쉬한 언덕은 햇빛 아래서 어렴풋하게 보였다. 출발 지점은 아직도 멀었는데, 해는 벌써 지평선 위에 있었다.

파홈은 너무나 힘들었지만 더욱 서둘렀다. 하지만, 너무나 지친 그에게는 힘든 일이었다. 파홈은 발걸음을 늦추지 않은 채, 걷고 또 걸었다. 급기야 조끼와 장화, 허리에 차고 있던 물통 등도 모두 내던지고 삽만 들고 뛰기 시작했다.

"아! 내가 욕심이 너무 많았어. 이러다가는 아무것도 얻지 못할 거야. 도저히 해지기 전까지 돌아가는 것은 무리야."

파홈은 계속 뛰었다. 숨이 더욱 가빠지고, 입안은 바싹 말랐다. 가슴은 마구 할딱거렸고, 심장은 방망이질을 하는 듯했다. 두 다리는 부러질 것만 같았다. 파홈은 점점 고통스러워졌다.

'이러다 도착하기 전에 쓰러져 버리기라도 한다면……'

파홈은 두려웠지만 걸음을 멈출 수는 없었다.

'이렇게 달려왔는데 여기에서 포기할 수는 없어.'

파홈은 달리고 또 달렸다. 목적지가 가까워지자 바쉬키르 인들이 환호하는 소리가 들렸다. 그를 향하여 보내는 환호 소리가 들리자 파홈의 심장은 더욱 거세게 뛰었다.

파홈은 온 힘을 다하여 달렸다. 해는 지평선 위에서 머뭇거리고 있었다. 이제 막 지려는 찰나였다. 해는 거의 다 졌지만 파홈은 출발 지점 가까이에 다가와 있었다. 드디어 출발 지점이 보였다. 쉬한 언덕 위의 사람들은 그를 향해 손을 흔들며 재촉했다. 땅 위에 놓인 촌장의 여우 가죽 모자와 파홈 자신이 넣어 둔 돈까지도 보였다. 촌장은 배를 잔뜩 움켜잡은 채 앉아 있었다.

갑자기 새벽녘에 꾸었던 꿈이 생각났다.

"많은 땅을 차지했다. 하지만 하나님께서 나를 그 땅에서 살게 하실까? 아! 나는 스스로를 망치고 있는 거야. 아, 결국 모든 일이 허사가 되고 말았구나. 난 이 땅을 차지하지 못할 거야.'

파홈은 해를 바라보았다. 해는 어느덧 보일 듯 말 듯 자취를 감추려 하고 있었다. 파홈은 마지막 남은 힘을 모두 짜내어 앞을 향해 나아가고 있었다. 파홈이 쉬한 언덕에 도착하자 해는 벌써 지고 말았다.

'이 모든 고생이 전부 허사가 되다니.'

파홈은 뛰는 것을 포기하려고 했으나 바쉬키르 인들의 함성 소리를 듣고 자기가 출발 지점 바로 아래까지 와 있었다는 사실을 알았다. 그가 서 있는 곳에서는 해가 진 것처럼 보였지만, 쉬한 언덕 위에는 아직

그 날의 햇살이 남아 있었던 것이다. 그 작은 언덕 위에는 아직 햇살이 조금 남아 있었다. 파홈은 더욱 기운을 내어 모자가 놓여 있던 곳을 향해 달렸다. 모자 앞에서는 촌장이 배를 움켜잡고 웃으며 앉아 있었다.

"아…… 아!"

촌장이 파홈을 보자 소리쳤다.

파홈의 다리는 너무 무거워 가눌 수가 없게 되었다. 그는 두 손을 모자 쪽으로 뻗으며 그 자리에 쓰러졌다.

"정말 대단한 젊은이야. 이 좋은 땅은 모두 당신이 차지했소."

파홈의 하인이 파홈을 일으켜 세우려 하자 파홈의 입에서 피가 쏟아졌다. 그리고 곧 숨을 거두었다. 모여 있던 바쉬키르 인들은 혀를 차며 안타까워했다.

파홈의 하인은 주인이 들고 있던 괭이로 파홈을 묻을 구덩이를 파기 시작했다. 그 구덩이는 파홈의 머리에서부터 발끝까지 단 2미터의 길이 밖에는 되지 않았다. 그리고 그 작은 구덩이에 파홈을 묻었다.

바보 이반

1

옛날 어느 나라에 부유한 농부가 살고 있었다. 그에게는 군인인 세몬과 배불뚝이 타라스, 바보 이반 이렇게 세 아들과 귀머거리이자 벙어리인 딸 말라냐가 있었다. 첫째 아들인 군인 세몬은 임금에 대한 충성으로 전쟁에 나갔고, 둘째 아들인 배불뚝이 타라스는 성 안의 상인에게 장사하는 법을 배우러 갔으며, 셋째 아들 바보 이반은 여동생 말라냐와 함께 집에서 열심히 일을 하며 지냈다.

군인 세몬은 높은 벼슬과 많은 땅을 얻어 어느 귀족의 딸에게 장가들었다. 그런데 많은 땅을 가지고 있고 급료도 많았지만, 언제나 수지가 맞지 않았다. 왜냐하면 남편 세몬이 돈을 벌기가 무섭게 귀족 행세를 하는 아내가 물 쓰듯 써 버려 언제나 돈이 모자라기만 했던 것이다. 그래서 군인인 세몬은 소작료를 걷으러 농장에 갔다.

그러나 관리인은 세몬에게 이렇게 말하는 것이었다.

"소작료가 들어올 리가 없지요. 저희들에게는 가축이나 농기구가 하나도 없으니까요. 먼저 이런 것들을 가지고 있어야 수익이 생기는 법이지요."

그래서 군인인 세몬은 아버지에게 갔다.

"아버지, 아버지는 많은 재산을 갖고 계시면서 저에게는 아무것도 주시지 않으셨어요. 저에게 땅을 3분의 1만 주세요. 그러면 제 땅으로 하겠습니다."

그러자 아버지가 말했다.

"세몬, 너는 이제까지 집에 보태 준 것은 아무것도 없으면서 그런 말을 하는구나. 뭣 때문에 너에게 땅을 3분의 1이나 나누어 준단 말이냐? 그러면 네 동생 이반과 말라냐가 매우 못마땅하게 여길 게다."

그러자 세몬은 말했다.

"하지만, 그 애는 바보잖아요. 그리고 말라냐도 귀머거리에다 벙어리이고요. 그런 애들한테 무엇이 필요하겠어요."

이 말을 들은 아버지가 다시 말했다.

"이반의 의견을 한번 들어 보자꾸나."

그런데 이반은 쉽게 허락했다.

"주세요, 아버지."

군인 세몬은 아버지에게서 3분의 1의 땅을 얻어 자기 소유로 하고 나서 다시 임금님에게 충성을 바치기 위해 떠났다.

배불뚝이 타라스도 돈을 많이 모아 상인의 딸에게 장가들었다. 그러나 그 또한 불만이었다. 그래서 아버지를 찾아와 이렇게 말했다.

"아버지, 저에게도 땅을 주세요."

그러나 아버지는 타라스에게도 땅을 나누어 주고 싶지 않았다.

"네가 우리들에게 보내 준 것은 아무것도 없지 않으냐? 그리고 지금 집에 있는 것은 모두 이반이 열심히 일해서 번 것들이야. 나는 그 애와 말라냐를 섭섭하게 할 수는 없단다."

그러자 타라스가 말했다.

"저런 바보 녀석에게 필요한 게 뭐가 있겠어요? 저 녀석은 장가도 갈 수 없을 겁니다. 누가 바보와 결혼을 하려고 하겠어요? 귀머거리에다

벙어리인 말라냐도 마찬가지예요. 그 애에게 필요한 건 아무것도 없지요. 이반, 나에게 곡식을 절반만 다오. 그리고 농기구 따위는 필요 없으니 가축 중에서 저 회색빛의 말이나 한 마리 가져가겠다. 저 말은 밭을 가는데 별로 도움이 될 것 같지는 않으니까."

이반은 조용히 웃었다.

"그래요, 가져가세요. 말이야 또 나가서 잡아오면 되니까요."

이렇게 해서 타라스도 제 몫을 챙겨서 돌아갔다. 타라스는 곡식을 실어 내고, 회색빛 말도 끌고 갔다. 그리고 이반은 전과 다름없이 늙고 야윈 말 한 마리로 농사를 지으며 부모님과 함께 지냈다.

2

큰 도깨비는 이들 세 형제가 싸움 한 번 하지 않고 사이좋게 재산을 분배한 것이 매우 기분 나빴다. 그래서 부하인 세 작은 도깨비들을 큰 소리로 불렀다.

"자, 보아라. 저 세상에 세 형제가 살고 있지. 세몬이라는 군인과 타라스라는 배불뚝이 녀석, 그리고 이반이란 바보 말이야. 나는 저 녀석들에게 싸움을 시켜야겠는데, 너무 사이좋게 잘 지내고 있단 말이다. 특히 저 바보 이반 녀석이 내가 하려고 하는 일을 몽땅 망가뜨려 놓고 있어. 그러니 너희 셋이 저 세상으로 나가 세몬과 타라스, 이반 세 녀석에게 각각 달라붙어 서로 싸움을 시작하도록 의를 끊어 놓아라. 어때, 할 수 있겠지? 자신 있지?"

"물론 자신 있고말고요."

그들은 말했다.

"너희들은 어떤 방법을 써서 의를 끊어 놓을 작정이냐?"

"이렇게 할 작정입죠. 먼저 저 녀석들을 먹을 것 하나 없는 가난뱅이로 만든 다음, 세 녀석을 한 곳에 모여 살게 하는 겁니다. 그러면 세 녀석끼리 서로 치고 박고 할 게 분명하지요."

"참 좋은 생각이구나. 각자 자기가 할 일들을 잘 알고 있는 것 같군. 자, 이제 가거라. 그리고 저 세 녀석들의 사이를 끊어 놓기 전에는 다시 내 앞에 나타날 생각 하지 말아라. 성공하지 못하면 네 녀석들의 가죽을 모두 벗겨 버릴 테다."

작은 도깨비들은 어느 숲 속으로 들어가 어떻게 할 것인가를 서로 의논하기 시작했다. 그리고 조금이라도 더 쉬운 일을 맡기 위해 티격태격하다가 결국 제비뽑기를 해서 각자 맡아야 할 사람을 뽑기로 했다. 그리고 자기 일을 일찍 끝낸 자는 다른 자를 도와주기로 했다. 각자 누구를 맡을 것인지가 결정되자, 작은 도깨비들은 다시 만날 날짜를 정했다. 그리고 누가 누구를 도우러 가야 할 것인지를 알아보기로 했다. 작은 도깨비들은 각자 자기가 맡은 역할대로 행동하기로 하고 헤어졌다.

드디어 그 날이 오자 작은 도깨비들은 약속대로 숲 속에 모였다. 그리고 일이 어떻게 진행되었는지 서로 이야기하기 시작했다. 군인 세몬한테서 돌아온 첫째 작은 도깨비가 입을 열었다.

"내가 맡은 일은 아주 잘 되고 있어. 세몬은 내일 틀림없이 아버지한테로 갈 거야."

동료 도깨비들이 그에게 물었다.

"그래, 너는 어떻게 했지?"

"나는 말이야. 먼저 세몬에게 잔뜩 용기를 불어넣어 줬어. 그랬더니 그 녀석은 임금님에게 자기가 온 세계를 정복해 보이겠다고 큰소리치며 약속했지. 그러자 임금님은 세몬을 대장으로 임명해서 인디아의 임금을 정복하라고 보낸 거야. 모두들 인디아를 정복하러 가기 위해

모였어. 그날 밤 나는 몰래 세몬의 군사들의 화약을 물로 적셔 놓고 인디아 임금에게 가서 짚으로 군사들 모형을 잔뜩 만들어 놓았지. 세몬의 군사는 자기네가 있는 곳으로 지푸라기 군사들이 몰려오는 것을 보고는 잔뜩 겁을 집어먹은 거야. 세몬은 '쏴라!' 하고 군사들에게 명령을 내렸지만, 대포도 총도 아무것도 발사되지 않았지. 세몬의 군사들은 너나없이 줄행랑을 치기에 바빴어. 마치 양떼처럼 말이야. 그러자 인디아의 임금은 그들을 모두 쳐부수었어.

세몬은 전쟁에서 패한 장군이 되어 임금이 내려 주신 땅까지 모두 몰수당하고 말았어. 게다가 사형까지 선고받았지. 내일은 세몬의 사형이 집행되는 날이야. 나에게는 꼭 하루 일감밖에 남지 않았어. 말하자면, 세몬 녀석이 집으로 도망칠 수 있도록 그 녀석을 옥에서 내놓는 일뿐이란 말이야. 내일이면 내가 맡은 일은 모두 끝나니까 너희들 중에 누가 내 도움이 필요한지 말해 봐."

타라스에게 갔던 둘째 작은 도깨비도 자기가 한 일에 대해 이야기하기 시작했다.

"나는 말이야, 너희들 도움 따위는 필요 없어. 내 일도 잘 되어 가고 있거든. 타라스라는 녀석도 이제 일주일 이상은 버티기 힘들 거야."

둘째 작은 도깨비는 말을 이었다.

"나는 먼저 그 녀석이 지금보다 더 많은 재산을 벌게 해 욕심꾸러기로 만들어 놓았지. 그랬더니 그 녀석은 남의 재산만 보면 턱없이 탐을 내어 닥치는 대로 다 사고 싶어진 거야. 그래서 돈을 있는 대로 다 털어서 뭐든지 다 사 버렸지. 지금은 남의 돈을 빌리면서까지 이것저것 사들이고 있는 형편이야. 이제는 너무 많이 사서 어떻게 처치해야 좋을지 몰라 쩔쩔매고 있지.

일주일 뒤면 돈을 갚아야 하는 날이 돌아오는데, 나는 그 안에 녀석의 물건들을 몽땅 거름더미로 만들어 버릴 작정이야. 그러면 그 녀석은 분명 빚을 갚지 못해 자기 아버지한테로 달려갈 거야."

말을 마친 첫째 도깨비와 둘째 도깨비는 이반에게 갔던 셋째 도깨비에게 물었다.

"그래, 네 일은 어떻게 됐지?"

"그런데 사실은 말이야, 내 일은 어쩐지 잘 풀리지가 않아. 먼저 나는 그 녀석의 크바스가 담긴 병 속에다 독침을 잔뜩 뱉어놓고, 곧바로 그 녀석의 밭으로 가서 땅바닥을 돌처럼 단단하게 만들었지. 그 녀석이 꼼짝 못하게 말이야. 이 정도되면 그 녀석도 밭을 일구지 못하려니 생각하고 있었는데, 글쎄 그 바보 녀석은 말없이 쟁기를 가지고 와서는 갈아젖히기 시작하는 거야. 게다가 독침이 섞인 크바스를 먹고는 아픈 배를 끌어안고 끙끙 앓으면서도 계속 갈아대더군. 그래서 나는 그 녀석의 보습을 부수어 버렸지. 그랬더니 곧바로 집에 돌아가서는 다른 보습으로 갈아 끼우고 다시 갈기 시작했어. 그래서 난 어떻게든 그 녀석이 하는 일을 방해하려고 땅 속으로 기어들어가 보습을 붙들어 보려고 했는데, 도무지 붙잡을 수가 없었어. 그 녀석은 쟁기를 누르는데다, 보습이 너무 날카로워 내 손에 상처만 마구 내고 말았지. 이렇게 해서 그 녀석은 거의 다 갈아 버렸어.

그러니까 여보게들, 나를 좀 도와주게. 우리가 그 녀석을 해치우지 못하면 우리가 하려던 일은 모두 허사가 되어 버리고 말 거야. 만약 그 바보가 남아 계속 농사를 짓게 되면 세몬과 타라스 녀석은 별다른 어려움을 겪지 않을 거야. 그 녀석이 두 형들을 부양할 테니까 말이야.”

무관인 세몬을 맡고 있는 첫째 도깨비가 내일 도우러 가기로 약속했다. 이리하여 작은 도깨비들은 곧 헤어졌다.

3

이반은 묵혔던 밭을 거의 다 갈고 이제는 몇 이랑만을 남겨 두고 있었으므로, 남은 밭을 마저 다 갈아 버리려고 말을 타고 왔다. 배가 너무 아팠지만 갈지 않으면 안 되었다. 그래서 말고삐를 잡아당겨 줄을 툭 치고는 쟁기를 돌려 갈기 시작했다. 한 번 갔다가 막 되돌아오려고 하는데——마치 나무 뿌리에라도 걸린 것처럼——어쩐 일인지 쟁기가 나가지 않았다. 그것은 셋째 작은 도깨비가 쟁기 끝에 매달려 두 발로 꽉 누르고 있었기 때문이다.

“참 별일이군. 이런 곳에 나무 뿌리 같은 게 있을 리가 없는데 말이야. 그래도 나무 뿌리겠지.”

이반은 나무 뿌리를 꺼내기 위해 땅 속에 손을 집어넣었다. 그러자 무엇인가 부드러운 것이 손에 잡혔다. 이반은 그것을 꽉 움켜잡아 밖으로 끌어냈다. 나무 뿌리 같은 까만 물체였는데, 자세히 보니 그것은 작은 도깨비였다.

"아니, 이런 빌어먹을 놈!"

이반은 작은 도깨비를 번쩍 치켜들어 땅바닥에 내동댕이치려 했다. 그러자 작은 도깨비가 발버둥을 치면서 애원했다.

"제발, 제발, 목숨만은 살려 주십쇼. 뭐든지 원하시는 대로 다 해 드리겠습니다."

"그래, 무엇을 해 주겠다는 거야?"

"무엇이든지요. 그저 원하는 것을 말씀만 하십시오."

이반은 잠시 머리를 긁적이더니 말했다.

"난 지금 배가 몹시 아픈데, 그걸 좀 낫게 할 수 있겠나?"

"그럼요, 물론이지요."

"그래, 그럼 어디 한번 낫게 해 보아라."

작은 도깨비는 땅 속에 손을 집어넣어 이리저리 뒤져가며 무엇인가를 찾더니, 가지가 셋인 조그만 뿌리를 뽑아 그것을 이반에게 건네주었다.

"여기 있습니다. 이 중에 한 뿌리만 삼키면 세상에 어떤 병이라도 다 나을 수가 있지요."

이반은 작은 도깨비가 건네주는 풀뿌리를 받아 한 가지를 먹었다. 그러자 금세 복통이 사라졌다. 작은 도깨비는 다시 애원하기 시작했다.

"이제 제발 놓아주십시오. 저는 땅 속으로 들어가 다시는 이 세상으로 나오지 않겠습니다."

"자, 그럼 잘 가거라."

하는 이반의 말이 채 끝나기도 전에 셋째 작은 도깨비는 물 속에 던져진 돌처럼 땅 속으로 금세 모습을 감추어 버리고 그저 구멍 하나만 남았을 뿐이었다. 이반은 나머지 두 가지의 뿌리를 모자 속에다 쑤셔 넣고 남은 땅을 마저 갈기 시작했다. 그리고 마지막 이랑을 다 갈자 쟁기를 들고 집으로 돌아왔다. 말을 풀어놓고 집으로 들어가자 맏형인 군인 세몬과 형수가 식탁에서 저녁을 먹고 있었다. 세몬은 자기가 가지고 있던 땅을 모두 몰수당한 것이었다. 그리고 가까스로 옥에서 도망쳐 나와 아버지한테 기댈 양으로 이 곳으로 달려온 것이다.

세몬은 이반을 보자 이렇게 말했다.

"너에게 신세를 좀 지려고 왔다. 나하고 집사람을 좀 먹여 다오. 새일자리를 구할 때까지 당분간만."

"아, 그렇게 하세요."

이반은 상관없다는 듯이 대답했다. 그리고 막 의자에 앉으려고 하자 이반에게서 나는 땀 냄새가 귀부인의 마음을 언짢게 했다. 그리하여 그녀는 남편에게 말했다.

"아, 난 정말 못 견디겠어요. 이렇게 고약한 냄새가 나는 농부와 같이 밥을 먹으며 지내야 하다니……."

그러자 군인인 세몬은 말했다.

"형수가 너에게서 나는 냄새를 도저히 참을 수 없다고 하니까 너는 문간에서 먹었으면 좋겠는데."

"아, 그렇게 하지요. 그렇지 않아도 나는 곧 밤일을 하러 가야 되거든요. 말에게 먹이도 주어야 하고."

이반은 빵과 윗도리를 들고 밤일을 하기 위해 밖으로 나갔다.

4

군인 세몬을 맡은 첫째 작은 도깨비는 그날 밤 안에 일을 모두 끝마치고 약속대로 바보 이반을 맡은 셋째 작은 도깨비를 도와주기 위해 그를 찾아왔다. 밭 여기저기를 돌아다니며 찾아다녔지만 어디에서도 동료의 모습은 보이지 않았다. 그저 작은 구멍이 하나 뚫려 있는 것을 발견했을 뿐이었다.

'분명히 동료에게 안 좋은 일이 생긴 걸 거야. 그렇다면 내가 그 친구를 대신할 수밖에 없지. 밭은 이제 다 갈았으니, 이제 풀밭에 가서 그 바보 녀석을 골려 주어야지.'

첫째 도깨비는 이반의 목장 풀밭에 큰물이 들게 했다. 순식간에 풀밭은 온통 진흙으로 덮여 버렸다. 이반은 새벽녘에 가축을 지키는 일을 마치고 돌아와서는 큰 낫을 들고 풀을 베러 나갔다.

풀밭에 도착한 이반은 곧 풀을 베기 시작했다. 그러나 한두 번 정도만 풀을 베어도 날이 금세 무디어져서 풀을 벨 수가 없었다. 이반이 여러 모로 노력해 보았지만 모두 헛수고였다.

"아무래도 안 되겠는데. 집에 가서 숫돌을 가져와야겠어. 가는 김에 빵도 좀 가지고 와야지. 일주일이 걸리더라도 풀을 다 베기 전에는 여기를 떠나지 않겠어."

이반이 하는 소리를 들은 작은 도깨비는 생각하기 시작했다.

'이런, 이 녀석은 정말 바보로군. 이래서는 안 되겠어. 다른 수단을 써 봐야지.'

이반은 다시 돌아와 낫을 갈아 베기 시작했다. 작은 도깨비는 몰래 풀 속으로 들어가 낫 등에 달라붙어 날을 흙 속에 처박기 시작했다. 이반은 힘이 들었다. 그러나 가까스로 풀을 베고 늪의 풀 한 다랑이만을 남겨 두고 있었다. 작은 도깨비는 재빨리 늪 속으로 숨어 들어가 이렇게 생각했다.

'이번에는 내 손가락이 잘리더라도 절대 베지 못하게 하겠어.'

이반은 늪으로 왔다. 보기에는 풀이 억세지 않은데 낫이 제대로 안 들었다. 이반은 화가 나서 힘껏 낫을 내둘렀다. 그러자 작은 도깨비는 도저히 베겨 낼 수가 없었다. 이반이 마구 휘두르는 낫을 피하기조차 어려웠다. 모든 일이 뜻대로 되지 않자 작은 도깨비는 얼른 풀 속으로 몸을 숨겼다.

이반이 큰 낫을 힘껏 휘둘러 풀을 베는 바람에 작은 도깨비의 꼬리가 절반이나 잘려 버렸다. 풀을 다 베고 나자 이반은 누이 말라냐에게 이 것을 걷어 모으라고 이르고는 라이보리를 베기 위해 자리를 옮겼다.

갈고랑이 낫을 가지고 갔을 때는 꼬리 잘린 작은 도깨비가 어느 틈에 와서 라이보리를 마구 짓밟아 놓았기 때문에 갈고랑이 낫으로는 벨 수 가 없을 것 같았다. 그래서 이반은 집으로 돌아가서 다시 보통 낫을 가 지고 와 베기 시작했다. 얼마 안 있어 라이보리를 모두 베어 버렸다.

"자, 이번에는 귀리를 베어야지."

하고 이반은 말했다.

이 말을 들은 작은 도깨비는 생각했다.

'이번에야말로 진짜 저 바보 녀석을 골탕먹여야겠다. 어디 내일 아침 에 보자!'

그러나 다음 날 아침에 작은 도깨비가 귀리밭에 달려가 보니 어느 새 귀리는 다 베어져 있었다.

귀리의 낱알이 적게 떨어지도록 하기 위해 이반이 밤새 다 베어 버렸 던 것이다. 작은 도깨비는 부아가 치밀었다.

"저 바보 녀석. 내 꼬리를 잘라 놓더니 또 나를 괴롭히는구나. 전쟁에 서도 이렇게 힘든 적은 없었는데. 저 녀석은 밤에도 잠을 안 자니 도 무지 손을 쓸 수가 없군. 하지만 이번에는 라이보리 더미에 숨어 들 어가서 보리 더미를 모조리 썩혀 버리고 말 테다."

작은 도깨비는 곧 라이보리 더미가 쌓여 있는 데로 가서 그 속으로 숨어 들어가 썩히기 시작했다. 그런데 라이보릿단을 썩히려고 따뜻하게 하는 사이에 그만 작은 도깨비도 따뜻해져서 잠이 들고 말았다.

한편, 이반은 암말을 수레에 채워 누이동생과 같이 라이보릿단을 나르기 위해 밭으로 왔다. 라이보리 더미 옆으로 다가와 라이보릿단을 짐수레에 싣기 시작했다. 두어 단 가량 던져 올려 넣는데 작은 도깨비의 등짝을 밀치게 되었다. 치켜들어 살펴보니 갈퀴 끝에 꼬리가 잘린 작은 도깨비 하나가 걸려 버둥거리며 빠져 나가려고 애쓰고 있었다.

"아니, 이 녀석 좀 보게. 뭐 이렇게 못된 녀석이 다 있나. 살려 주면 다시는 안 나오겠다고 하더니 또 나왔구나?"

"아닙니다. 전 아니에요. 지난 번 녀석은 제 친구입니다. 저는 당신의 형인 세몬을 맡았던 놈이에요."

"네놈이 어떤 녀석이건 상관 없어. 너도 똑같이 혼쭐내 주겠다."

이반이 밭 한가운데다 내리쳐 박살을 내려고 하자, 작은 도깨비가 울며 애원했다.

"제발 한 번만 살려 주세요. 다시는 나타나지 않겠습니다. 절 놓아 주신다면 당신이 원하는 것은 무엇이든지 다 해 드리겠습니다."

"좋아. 그런데 뭘 해 줄 수 있지?"

"저는 어떤 것으로든 군사를 만들어 낼 수 있습니다."

"하지만 군사 같은 건 나에게 필요가 없어. 그런 거 말고 노래를 부를 수 있나?"

"그렇고말고요."

"어디 한번 해 봐."

그러자 작은 도깨비는 이렇게 말했다.

"이 라이보릿단 한 단을 들어 땅바닥에 반듯이 세우고 흔들면서 그저 이렇게 말하기만 하면 됩니다.——내 종이 명령하는 말을 들어라. 다발이 아니라 보릿짚 수만큼 군사가 되어라."

이반은 라이보릿단을 들고 땅바닥에 세운 후에 작은 도깨비가 일러준 대로 명령을 내렸다. 그러자 라이보릿단이 산산이 흩어지더니 수많은 군사로 변하고, 선두에는 나팔을 불고 북을 치는 군사가 되었다.

"와하하하⋯⋯."

너무 신기하고 재미있어 이반은 큰 소리로 웃음을 터뜨렸다.

"네놈은 정말 신기한 재주를 가졌구나. 보통 재주꾼이 아닌걸. 이걸 여자들에게 보이면 정말 기뻐하겠어."

"그럼, 이제 저를 놓아 주시는 거죠?"

"아직 아니야. 라이보릿단으로 군사를 만들면 낟알이 허실하게 되잖아. 그러니 다시 라이보릿단으로 되돌려 놓는 방법을 가르쳐 줘. 그래야 보릿단에서 낟알을 떨구지."

그러자 작은 도깨비는 말했다.

"그저 이렇게 말하기만 하면 됩니다.——군사의 수만큼 보릿짚이 되어라. 내 종이 이르는 명령이다!"

이반이 그대로 따라서 말하자 군사들은 보릿단으로 돌아갔다. 작은 도깨비는 다시 애원하기 시작했다.

"이제 저를 좀 놓아 주세요."

이반은 작은 도깨비를 갈퀴에서 빼주며 말했다.

"그럼 잘 가거라."

그런데 이반이 인사를 끝마치기가 무섭게 첫째 도깨비는 물 속에 던져진 돌처럼 금방 땅 속으로 들어가 버렸다. 밭에는 작은 구멍이 하나 생겼을 뿐이었다.

이반이 집으로 돌아오니 둘째 형인 타라스가 아내와 함께 막 저녁을 먹으려는 중이었다. 배불뚝이 타라스도 빚을 갚지 못하자, 군인 세묜처럼 아버지에게 온 것이다. 타라스는 이반을 보자 말했다.

"이반, 내가 다시 장사를 시작하기 전까지만 나와 집사람을 좀 먹여 살려 다오."

"아, 그렇게 하세요, 형님."

이반은 윗도리를 벗고 저녁식사를 하기 위해 식탁에 앉았다. 그러자 형수가 말했다.

"나는 저 바보하고 같이 밥을 먹을 수가 없어요. 저 사람에게서 나는 냄새가 너무 고약해서 말이에요."

그러자 타라스가 말했다.

"이반, 너에게서 나는 냄새가 너무 고약하구나. 저기 문간에 가서 먹도록 해라."

"네, 그렇게 하지요."

이반은 대답했다. 그러고는 자기 몫의 빵을 들고 문밖으로 나가며 이렇게 말했다.

"그렇지 않아도 막 밤일을 나가려고 하는 참이었어요. 말에게 먹이도 주어야 하고요."

5

둘째 작은 도깨비는 그날 밤 자기가 맡은 일이 끝나자 약속대로 동료를 도와주기 위해, 다시 말해 바보 이반을 골탕먹이기 위해 타라스가 있던 곳에서 이반의 밭으로 왔다. 밭에 서서 동료를 찾으려고 여기저기 둘러보았지만, 작은 구멍 하나만 발견했을 뿐이었다. 그리고 근처 풀밭에는 잘린 꼬리가 떨어져 있었고, 라이보리를 베어 낸 밭으로 와 보니 거기에도 작은 구멍 하나가 보였다.

"아무래도 동료들에게 좋지 않은 일이 생긴 모양이야. 내가 그 친구들을 대신해서 바보 녀석을 혼내 주어야겠다."

작은 도깨비는 이반을 찾으러 탈곡장으로 갔다. 그러나 이반은 벌써 들일을 마치고 숲 속에서 나뭇가지를 치고 있었다.

집에 와 있던 세몬과 타라스가 함께 지내는 생활에 불평을 하며 각자 살 집을 만들어 달라고 이반에게 말했으므로, 이반은 형들이 살 집을 지을 나무를 베러 숲 속으로 간 것이다.

작은 도깨비는 이반이 있는 숲으로 달려가서 나뭇가지로 기어올라갔다. 그리고 이반이 나무를 베어 눕히는 것을 훼방놓기 시작했다. 이반은 나무가 쓰러지며 다른 나뭇가지에 걸리지 않도록 나무 밑을 잘라 놓고 넘어뜨리려 했지만, 나무는 번번이 다른 방향으로 쓰러지며 가지에 걸리고는 했다.

이반은 지렛대를 하나 만들어 여기저기로 방향을 틀어 간신히 나무를 쓰러뜨렸다.

이반은 다시 나무를 베기 시작했다. 그러나 역시 마찬가지였다. 이반은 온힘을 다하여 가까스로 쓰러뜨리고, 다시 세 번째 나무를 베기 시작했다. 그러나 세 번째 나무도 마찬가지였다. 이반은 50그루 정도는 너끈히 베어 낼 수 있을 것이라 생각했는데, 채 열 그루도 베기 전에 벌써 해가 지려 하고 있었다. 게다가 이반은 너무 지쳐 있었다.

이반의 몸에서는 김이 무럭무럭 나고, 숲 속에는 벌써 저녁 안개가 끼었지만, 이반은 쉬지 않고 나무를 베었다. 이반은 또 한 그루의 나무를 베려고 했다. 그러나 몸에서 맥이 풀리며 등허리가 지끈지끈 쑤시기 시작했다. 하는 수 없이 도끼를 나무에 박아 놓고 조금 쉬려고 앉았다. 작은 도깨비는 이반이 일손을 멈춘 것을 보고 너무 기뻐 속으로 환호성을 질렀다.

'그러면 그렇지. 이제 완전히 녹초가 되어 버렸구나. 아, 나도 이제
좀 쉬어야겠다.'

작은 도깨비는 나무에 걸터앉아 마음속으로 기뻐했다. 그런데 갑자기
이반이 벌떡 일어나 도끼를 쳐들어 반대쪽에서 나무를 내리쳤다. 나무
는 별안간 우지직 소리를 내며 쓰러졌다. 너무 갑작스럽게 일어난 일이
라 작은 도깨비는 미처 피할 겨를도 없이 나뭇가지 사이에 팔이 끼이고
말았다. 이반은 깜짝 놀랐다.

"아니, 이런 고얀 놈이 있나. 다시는 안 나타나겠다고 살려 달라고 빌
더니 또 나왔구나."

"제가 아니에요. 저는 형님인 타라스에게 붙어 있던 도깨비입니다."

"네가 어디 붙어 있던 놈이건 내 알 바 아니다. 내가 취할 방법은 마
찬가지야."

이반은 도끼를 번쩍 치켜들어 도끼등으로 작은 도깨비를 내리치려고
하였다. 작은 도깨비는 두 손을 싹싹 빌며 애원하기 시작했다.

"아, 제발 내리치지 말아 주세요. 원하시는 게 있다면 뭐든지 다 들어
드리겠습니다."

"도대체 네가 할 수 있다는 게 무엇이냐?"

"저는 당신이 갖고 싶은 만큼의 돈을 만들어 드릴 수 있습니다."

"그럼 어디 한번 만들어 보아라."

이반의 말을 들은 작은 도깨비는 이렇게 가르쳐 주었다.

"이 떡갈나무 잎을 손에 들고 두 손으로 문지르세요. 그러면 금화가
땅바닥에 떨어진답니다."

이반은 작은 도깨비가 일러 주는 대로 나뭇잎을 들고 문질러 보았다.
그러자 과연 번쩍번쩍 빛나는 누런 금화가 잔뜩 쏟아지는 것이었다.

"이거 정말 재미있는걸! 아이들과 함께 가지고 놀면 정말 재미있겠어."

"그럼 이제 저를 좀 놓아 주세요."

"그래. 놓아 주지."

이반은 지렛대로 나무 사이에 낀 작은 도깨비의 팔을 빼 주었다.

"잘 가거라. 다시는 나타나지 마."

이반의 인사가 채 끝나기도 전에 둘째 작은 도깨비는 물 속에 던져진 돌처럼 금세 땅 속으로 사라져 버렸다. 그 곳에도 역시 작은 구멍만이 뽕 뚫려 있었다.

6

형제들은 집을 지어 각자 따로 살기 시작했다. 이반은 들일을 다 마치고 형들을 초대했다. 하지만 형들은 이반의 초대에 응하지 않았다.

"우린 농부들만 모여 있는 파티에 초대되어 본 적이 없어."

그들은 이렇게 말하며 파티에 가지 않았다.

이반은 마을에 사는 이웃 농부들과 아낙들을 위한 파티를 열어 함께 즐거운 시간을 보냈다. 술이 거나하게 취하자 이반은 사람들이 모여 춤을 추고 있는 곳으로 다가가 여자들에게 자기를 칭찬해 달라고 말했다.

"그러면 난 여러분들이 아직까지 한 번도 보지 못한 새로운 것을 드리겠습니다."

여자들은 모두 웃음을 터뜨리며 이반을 칭찬했다. 그리고 말했다.

"자, 그럼 이제 주세요."

"조그만 기다려요. 금방 가져올게요."

이반은 이렇게 말하며 씨앗 상자를 들고 숲 속으로 달려갔다. 여자들

은 이반의 뒷모습을 보며,

"저 바보 좀 봐. 뭘 하려는 거지?"

하고 비웃었다. 그리고 그 일은 금세 잊어버렸다. 그런데 얼마 지나지 않아 이반이 무엇인가를 가득 담은 씨앗 상자를 들고 되돌아왔다.

"나누어 줄까요?"

"그게 뭐니? 어디 나누어 주렴."

이반은 금화를 한 움큼 쥐어 여자들 앞에 던졌다. 금화가 여자들 발밑에 떨어지자 갑자기 소란스러워졌다. 여자들은 너도나도 금화를 줍기 위해 이반이 있는 곳으로 몰려들었다. 서로 금화를 잡아채는 바람에 한 노파는 자칫 깔려 죽을 뻔했다. 이반은 껄껄 웃어 대며 말했다.

"서로 밀치고 싸우지는 말아요. 더 많이 가져다 줄 테니까요."

이반은 다시 한 움큼을 쥐어 뿌리기 시작했다. 수많은 사람들이 잇달아 떼지어 몰려왔다. 이반은 씨앗 상자에 담겨 있던 금화를 모두 뿌려 버렸다. 그래도 모인 사람들은 더 달라고 소리쳤다. 그래서 이반은 이렇게 말했다.

"이제는 다 떨어졌어요. 다음에 또 줄게요. 자, 이젠 모두 함께 춤을 춥시다. 좋은 노래를 불러요."

여자들은 노래를 부르며 춤을 추기 시작했다.

"여러분들의 노래는 재미가 없군요."

이반이 말했다.

"자, 제가 여러분들에게 재미있는 노래를 들려드릴게요."

이반은 헛간으로 들어가 보릿단 한 다발을 들어 낟알을 모두 털어 냈다. 그리고 그것을 바로 세워 놓고 흔들면서 말했다.

"내 종이 이르는 명령을 들어라. 다발로 있지 말고 보릿짚 수만큼 군사가 되어라."

이반의 말이 떨어지기가 무섭게 보리 다발이 흩어지며 군사가 되더니 북과 나팔을 불며 박자를 맞추기 시작했다. 이반은 군사들에게 노래를 부르라고 명령하고 함께 큰길로 나갔다. 사람들은 두 눈을 크게 뜨며 깜짝 놀랐다. 군사들은 노래를 부르고 있는데, 이반은 아무도 자기 뒤를 따라와서는 안 된다고 이르고 그들을 이끌고 다시 헛간으로 들어갔다. 이반은 다발을 흔들어 원래대로 짚단으로 바꾸고 건초더미 위에 내던졌다. 그리고 집에 돌아와 잠이 들었다.

7

이튿날 아침이 되자 맏형 세몬은 간밤에 일어났던 일을 듣고 이반을 찾아왔다.

"이반, 나에게 모두 말해 봐라. 도대체 어디에서 그렇게 많은 군사들을 데려온 거냐? 그리고 어디로 데려 간 거지?"

"그건 알아 무엇 하실려고요?"

"무엇 하려느냐고? 군사만 있으면 뭐든지 다 할 수 있어. 한 나라를 얻을 수도 있단 말이야."

세몬의 말을 들은 이반은 깜짝 놀랐다.

"예? 그럼 진작 말씀하시지 그랬어요. 그렇다면 얼마든지 만들어 드릴게요. 마침 말라냐하고 보릿단을 잔뜩 마련해 놓았거든요."

이반은 세몬을 헛간으로 데리고 가며 말했다.

"군사는 형님이 원하는 대로 만들어 드릴게요. 그 대신 모두 데리고 이 마을을 떠나셔야 돼요. 그렇게 하지 않으면 이 많은 군사들을 먹여 살리기 위해 온 마을의 양식을 하루 동안 다 털어 내야 하니까요."

군인 세몬은 이반의 말대로 군사를 모두 데리고 떠나겠다고 약속했다. 그러자 이반은 보릿단을 털어 군사들을 만들어 내기 시작했다. 이반이 보릿단으로 탈곡장을 한 번 내리치자 1개 중대의 군사들이 생겨났다. 또 한 번 내리치자 1개 중대의 군사가 되었다. 이리하여 온 들판이 군사들로 가득 채워질 만큼 많은 수의 군사들을 만들어 내었다.

"어떻습니까? 이 정도면 되었나요?"

세몬은 크게 기뻐하며 이반에게 말했다.

"그럼그럼. 이 정도면 충분해. 정말 고맙다, 이반."

"뭘요. 필요하면 언제든지 말씀하세요. 얼마든지 많이 만들어 드릴 수 있으니까요. 요즘은 보릿단이 아주 많거든요."

군인인 세몬은 이반이 만들어 준 군대를 이끌고 행렬을 맞추어 싸움 터로 나갔다. 군인인 세몬이 떠나자 이번에는 둘째형 타라스가 찾아왔다. 배불뚝이 타라스도 어젯밤에 일어났던 사건을 알고 있었던 것이다. 이반을 보자 타라스는 간청하기 시작했다.

"나한테 모두 말해 보렴, 이반. 도대체 너는 그 많은 금화를 어디에서 가져온 거냐? 내 마음대로 쓸 수 있을 만큼 충분한 돈이 내게 있다면 그 돈으로 온 세상에 있는 돈을 다 긁어모을 수 있을 텐데."

이반은 깜짝 놀라 말했다.

"그게 정말이에요? 아, 그럼 진작 저에게 부탁하시지 않고요. 타라스 형님이 원하시는 만큼 많은 돈을 만들어 드릴게요."

타라스는 크게 기뻐하며 말했다.

"난 씨앗 상자로 세 상자 정도만 있으면 충분하단다."

"그럼 그렇게 하지요. 저와 함께 숲 속으로 들어가요. 말을 준비해 가야겠어요. 너무 무거워서 우리 둘이 운반해 오려면 힘들 테니까요."

두 사람은 숲 속으로 말을 타고 갔다. 이반은 떡갈나무에서 잎을 따서 두 손으로 비비기 시작했다. 그러자 금화가 땅위로 쏟아져 금세 수

북이 쌓였다.

"이만하면 어때요?"

타라스는 기쁨을 감추지 못하며 말했다.

"이만큼이면 충분해. 정말 고맙다, 이반."

"고맙긴요. 더 필요하게 되면 언제든지 다시 오세요. 더 만들어 드릴게요. 떡갈나무 잎사귀는 얼마든지 있으니까요."

배불뚝이 타라스는 금화를 가득 실은 수레를 끌고 장사하러 떠났다.

이렇게 하여 두 형들은 떠났다. 세몬은 싸움을 시작하고, 타라스는 장사를 시작했다. 군인인 세몬은 곧 두 나라를 정복하고, 배불뚝이 타라스는 많은 재산을 모았다.

어느 날 두 형제가 한자리에 모였다. 세몬과 타라스는 이제까지의 일을 숨김없이 모두 털어놓았다. 세몬은 어디서 군대를 얻게 됐는지를 이야기했고, 타라스는 어디서 돈이 생겼는지 말했다. 군인 세몬이 동생에게 말했다.

"나는 다른 나라를 정복해서 잘 지내고 있기는 하지만, 돈이 좀 부족하단 말이야. 군사를 먹여 살려야 할 돈이 내게는 없어."

그러자 배불뚝이 타라스가 말했다.

"저는 말이에요, 돈은 많이 모았는데 그것을 지켜줄 만한 사람이 없어서 늘 걱정이에요."

이 말을 들은 세몬이 말했다.

"그럼, 우리 다시 이반을 찾아가 보자꾸나. 나는 그 녀석에게 군대를 더 많이 만들어 달라고 부탁을 해서 네 돈을 지키게 할 테니, 너는 군사를 먹여 살릴 만큼 많은 돈을 나에게 만들어 주라고 그 녀석에게 부탁 좀 해 줘."

이렇게 하여 두 형제는 이반에게 갔다. 이반의 집 앞에 다다르자 세몬이 먼저 입을 열었다.

"이반아, 아무래도 내가 가지고 있는 군사가 모자라는구나. 그러니 군사들을 더 만들어 줘. 한 두 짚단 정도만 되어도 충분하니까 말이야."

이반은 고개를 내저으며 대답했다.

"안 돼요, 형님. 더 이상 군사를 만들어 드리지 않겠어요."

"왜 안 된다는 거지? 필요할 때면 얼마든지 만들어 주겠다고 나와 약속하지 않았니?"

"물론 약속을 했지요. 하지만 더 이상은 만들어 드리지 않겠어요."

이반의 말을 들은 세몬이 화가 나서 말했다.

"도대체 왜 안 된다는 거야, 이 바보 녀석아?"

"왜냐하면 형님의 군사가 사람을 죽였기 때문이에요. 얼마 전에 일어난 일이에요. 내가 길가의 밭을 갈고 있는데 어떤 부인이 관을 메고 가면서 통곡을 하더군요. 그래서 저는 '누가 죽었나요?' 하고 물어봤죠. 그러자 그 부인은 세몬의 군사들이 전쟁터에서 내 남편의 목숨을 빼앗아 갔다고 말하더군요. 군사란 노래를 부르는 사람들인 줄 알았는데 다른 사람의 생명을 잃게 하다니. 그래서 저는 더 이상 군사는 만들지 않기로 결심했어요."

이렇게 말하며 이반은 군사를 만들려 하지 않았다. 한편 배불뚝이 타라스는 이반에게 금화를 더 만들어 달라고 부탁했다. 하지만 이번에도 이반은 고개를 내저으며 거절했다.

"이제 금화는 더 이상 만들지 않겠어요."

"왜 그러지? 필요한 만큼 얼마든지 만들어 주겠다고 약속했잖아?"

"그랬죠. 하지만 이제 더는 만들지 않을 겁니다."

이반은 조금도 망설임없이 고개를 저으며 거절했다.

"왜 더 이상은 금화를 만들지 않겠다고 하는 거냐, 이 바보 녀석아!"

"왜냐하면 형님의 금화 때문에 미하일로프에게서 암소를 빼앗아 갔기 때문이에요."

"어째서 빼앗겼다는 거야?"

"미하일로프에게 암소가 한 마리 있어서 어린아이들이 우유를 마시고 있었대요. 그런데 얼마 전에 그 어린아이들이 저에게 와서 우유를 달라고 졸라댔어요. 그래서 저는 너희 집 암소는 어디갔느냐고 물어 봤지요. 그랬더니 아이들이 끌려갔다고 대답하더군요. 누가 끌고 갔냐고 다시 물었더니, 배불뚝이 타라스의 관리인이 찾아와 엄마에게 금화를 세 닢 주자 엄마가 암소를 주어 버렸다고 했어요. 그래서 아이들이 마실 우유가 없어진 거예요. 전 형님이 금화를 장난감으로 삼고 있는 줄 알았는데 어린아이들에게서 암소를 빼앗아 가 버렸어요. 저는 이제 형님에게는 더 이상 금화를 만들어 드리지 않겠어요."

바보 이반은 고집을 부리며 금화를 만들려 하지 않았다. 결국 두 형들은 허탕만 친 채 집으로 돌아갔다. 가는 도중에 세몬과 타라스는 서로의 곤경을 어떻게 해결하면 좋을지 의논했다.

세몬이 말했다.

"그럼 이렇게 하는 건 어떨까? 그러니까 네가 나에게 군사들을 먹여 살릴 돈을 주고, 나는 네 돈을 지켜 줄 군사를 절반 주마."

타라스는 동의했다. 두 형제는 가지고 있는 것을 서로 나누어 갖고 둘 다 임금이 되었으며 또한 둘 다 부자가 되었다.

8

그러나 이반은 여전히 집에서 살면서 부모님을 모시고 벙어리 누이동생 말라냐와 함께 들에서 일을 하며 지냈다.

그러던 어느 날, 이런 일이 있었다. 이반네 집에서 기르는 늙은 개가 병이 들어 죽게 되었다. 이반은 가여운 마음이 들어 말라냐에게 빵을 얻어 모자 속에 담아 개에게 던져 주었다. 그런데 모자에 작은 구멍이 뚫려 있어 빵과 함께 조그만 풀뿌리 하나가 같이 떨어졌다. 늙은 개는 빵과 함께 그 풀뿌리도 날름 먹어 버렸다. 그 뿌리를 먹자마자 늙은 개는 갑자기 위로 솟구쳐 오르기도 하고, 크게 짖어 대기도 하고 꼬리를 흔들며 장난을 치기도 하였다. 병이 말끔히 나은 것이다.

부모님은 이것을 보고 깜짝 놀랐다.

"이반, 너는 무엇으로 개를 낫게 한 거냐?"

그러자 이반은 이렇게 대답했다.

"저는 어떤 병이든 고칠 수 있는 풀뿌리를 두 개 가지고 있었는데, 개가 그 뿌리를 한 개 먹은 거예요."

마침 이 무렵, 나라에는 한 가지 큰 사건이 벌어졌다. 임금님의 딸이 병을 앓고 있었는데, 온 나라 방방곡곡의 도시와 촌락마다 방을 붙여 누구든지 공주의 병을 고치는 자에게는 많은 포상을 내릴 뿐만 아니라 공주를 아내로 맞이할 수 있도록 하겠다는 것이었다. 이반이 사는 마을에도 이 방이 나붙었다.

부모님은 이반을 불러 놓고 이렇게 말했다.

"너도 임금님이 써 붙인 방의 내용이 어떤 것인지 들었지? 너는 이 세상에 어떤 병도 고칠 수 있는 풀뿌리를 가지고 있으니 한번 가서 공주님의 병을 낫게 하는 것이 어떻겠느냐? 그러면 너는 한평생을 행복하게 살 수 있게 될 거야."

"그럼 부모님 말씀대로 그렇게 하죠."

이반은 이렇게 말하고 곧 공주가 있는 곳으로 떠날 채비를 하였다.

부모님은 이반에게 나들이옷을 입혀 주었다. 이반이 문간을 나섰을 때, 그 곳에 손이 굽은 여자 거지 하나가 서 있는 것이 보였다. 그녀는 이반을 보자 말했다.

"소문을 들으니 당신은 무슨 병이든 다 낫게 할 수 있다고 하더군요. 내 손도 좀 치료해 주세요. 이 손으로는 내 신발도 혼자 신을 수가 없답니다."

"네, 고쳐 드리지요."

이반은 이렇게 대답하며 풀뿌리를 꺼내어 거지에게 주었다. 거지는 그것을 받아 입에 넣고 삼켰다. 그러자 갑자기 굽었던 거지의 손이 곧게 펴지며 곧바로 쓸 수 있게 되었다. 이반을 임금님에게 데리고 가려던 부모님은, 이반이 하나밖에 없는 풀뿌리를 거지에게 주어 버려 공주님을 고칠 수 없게 되자 이반을 마구 야단치기 시작했다.

"이 바보 녀석아! 거지 따위는 가엾게 여기고 공주님은 가엾지 않단 말이냐?"

그러자 이반은 공주님도 가엾게 여겨졌다. 그는 말에 수레를 채우자 서둘러 짐을 싣고 떠나려고 하였다.

"도대체 어디로 가려는 거냐? 이 바보 녀석아!"

"공주님을 고쳐 드리려고 가는 거죠."

"하지만 넌 공주님의 병을 낫게 할 풀뿌리도 없지 않느냐?"

"뭐, 괜찮아요. 염려하지 마세요."

이렇게 말하고 이반은 말을 몰아 궁궐로 향했다. 이반이 궁궐에 닿아 막 대문에 내려서자마자 어느 새 공주님의 병이 씻은 듯이 나아 버렸다. 임금님은 크게 기뻐하며 신하에게 이반을 불러들이라 이르고 그에게 훌륭한 옷을 입혔다.

이반을 보며 임금님이 말했다.

"이제부터 그대는 내 사위로다."

"황공하옵니다, 폐하."

그리하여 이반과 공주는 결혼식을 올렸다. 얼마 지나지 않아 임금님은 죽었기 때문에 이반은 새로운 임금이 되었다. 이리하여 세 형제는 모두 임금이 되었다.

9

세 형제는 모두 아무 탈 없이 잘 지냈고, 나라도 훌륭히 다스렸다.

맏형인 군인 세몬은 짚으로 만든 군사를 기반으로 삼아 진짜 군사들을 모집했다. 그는 법을 만들어 온 나라에서 열 집마다 군사 한 명씩을 보내되, 키가 크고 피부가 하얗고, 얼굴이 잘생긴 사람이어야 한다고 명령을 내렸다. 세몬은 이렇게 잘생긴 군사를 많이 모집하여 훈련을 시켰다. 그리고 누구라도 그의 명령을 따르지 않거나 대항하는 사람은 이 군사들을 보내 사람들을 제압하도록 시켰다. 그리하여 모든 사람들은 세몬을 두려워하게 되었다.

그의 생활은 누구와도 비교할 수 없을 정도로 호화스러웠다. 그의 머리에 떠오르는 것, 눈에 보이는 것은 모두 그의 것이 되었다. 군사들만 동원하면 그가 바라는 것은 무엇이든 빼앗아 오거나 데려올 수 있었기 때문이다.

배불뚝이 타라스의 생활도 호화롭기 그지없었다. 그는 이반에게서 받은 돈을 한 푼도 낭비하지 않고 그것을 밑천 삼아 많은 재산을 모았다.

타라스 역시 자기 나라에 그럴듯한 제도를 펴놓았다. 그는 자기 돈은 모두 금고 속에 넣어 둔 채 백성들에게서 교묘히 돈을 빼앗았다. 인두세, 통행세, 거마세, 짚신세, 감발세, 옷끈세 등 여러 가지 세금을 만들어 돈을 거두어들였다. 그리하여 타라스에게는 부족한 것이 없었다. 백성들은 누구나 돈이 필요했기 때문에 무엇이든 들고 와서 타라스에게 바쳤고, 일을 하려고 몰려들었다.

바보 이반의 생활도 그런대로 괜찮았다. 임금의 장례가 끝나자마자 이반은 임금의 복장을 벗어 버리고 왕비의 옷장에 넣어 두게 했다. 그러고는 예전처럼 삼베옷에 잠방이를 걸치고 짚신을 신은 채 일을 하기 시작했다.

"도무지 답답해서 못 견디겠어. 배만 자꾸 불러지고 마음대로 먹을 수도, 잠을 잘 수도 없잖아."

그래서 이반은 부모님과 벙어리 누이 말라냐를 불러와 다시 옛날처럼 농사를 지었다. 사람들은 그에게 이렇게 말했다.

"하지만 그대는 임금님이 아니십니까?"

"아, 그런 건 상관없어. 임금도 먹어야 하니까."

대신들이 들어와 이렇게 조언했다.

"신하들에게 급료를 지급할 국고금이 없사옵니다."

"걱정할 것 없소. 돈이 없으면 주지 않으면 되니까."

이반 임금의 대답을 들은 신하들이 다시 허리를 굽히며 말했다.

"그러면 아무도 일을 하려 하지 않을 것입니다."

"내버려 두세요. 일을 하지 않아도 좋으니. 오히려 자유롭게 일하게 될 거요. 모두들 거름이나 가져오도록 하시오. 그자들이 거름을 많이 만들어 놓을 테니까."

사람들이 이반에게 재판을 해 달라고 찾아왔다. 한 사람이 말했다.

"저 사람이 내 돈을 훔쳤습니다."

그러자 이반이 말했다.

"아, 좋아 좋아! 그러니까 저 사람은 돈이 필요했던 거로구나."

사람들은 이반이 바보라는 것을 알게 되었다. 그래서 왕비가 이반에게 말했다.

"모두들 당신을 바보라고 말한답니다."

"아, 상관 없어요."

이반의 아내는 생각하고 또 생각했다. 그러나 그녀 역시 바보였다.

"저도 당신 뜻을 따르고 싶어요. 바늘 가는 데로 실은 따라가야 하는 법이니까요."

이렇게 말하고 그녀도 왕비의 옷을 벗어 옷장 속에 넣어 두고 벙어리 처녀에게로 농사짓는 법을 배우러 갔다. 그리고 일을 다 배운 뒤 남편 이반을 돕기 시작했다.

이반의 나라에서는 현명한 사람들은 모두 떠나 버렸다. 남은 사람들은 모두 일을 하여 살아갈 뿐만 아니라 어려운 이웃도 서로 도우며 살아갔다.

10

큰 도깨비는 작은 도깨비들에게서 어떻게 세 형제를 파멸시켰는지에 대한 소식이 오기를 이제나저제나 기다리고 있었다. 그러나 아무런 소식이 없었다. 그래서 어떻게 된 일인지를 알아보려고 직접 나서서 여기저기 돌아다녔지만 겨우 찾아 낸 것은 세 개의 작은 구멍뿐이었다.

"음, 아무래도 당한 모양이야. 그렇다면 내가 직접 해결하는 수밖에."

그는 세 형제를 찾아 나섰지만 그들이 살던 고향 마을에는 없었다. 큰 도깨비는 세 형제를 각각 다른 나라에서 찾아 냈다. 셋은 모두 건재한 모습으로 나라를 다스리고 있었다.

"이렇게 된 이상 내가 손수 나서야겠어."

큰 도깨비는 먼저 군인인 세몬의 나라로 갔다. 그리고 자기 모습이 아닌 장군으로 위장하여 세몬 왕 앞에 나아갔다.

"들은 바에 의하면 세몬 왕께서는 위대한 군인이라고 하더이다. 하지만 신도 군사와 전쟁에 대해서 아는 바가 있사와 전하를 섬기고자 이렇게 찾아왔습니다."

세몬 임금은 그에게 이것저것을 물어 본 후, 그가 뛰어난 장군임을 알고 그를 기용하기로 했다.

새로 기용된 장군은 강력한 군대를 모을 수 있는 방법을 세몬에게 제시했다.

"우선 더 많은 군사를 모집하여야 합니다. 왜냐하면 이 나라에서는 안일하게 지내는 백성이 너무 많습니다. 젊은 사람들은 누구를 가릴 것 없이 모두 징집하셔야 하옵니다. 둘째로 신식 소총과 대포를 만들어야 합니다. 마치 콩을 흩뿌리듯 단 한 번에 백 발의 총알이 나가는 소총을 신이 만들어 보이겠습니다. 그리고 어떠한 것이든 불로 태워 버릴 수 있는 성능을 갖춘 대포를 만들겠습니다. 이 대포는 사람이든 성벽이든 모든 것을 태워 버릴 것입니다."

세몬 임금은 새로 기용된 장군의 제안을 받아들였다. 그리하여 젊은 이는 모두 군대에 들어올 것을 명령하고, 또 공장을 세워 신식 소총과 대포를 만들어 이웃 나라에 선전포고를 했다.

이리하여 싸움이 시작되자 세몬 왕은 자기 군사들에게 적군을 향해 총과 대포를 마구 퍼부으라고 명령하여 단번에 쳐부수고 그 절반을 불태워 버렸다. 이웃 나라 임금은 크게 놀라 곧 항복하고 자기 나라를 바쳤다. 세몬은 크게 기뻐하며 다짐했다.

"이번에는 인디아 왕을 정복해야지."

그런데 인디아 임금은 세몬의 승전 소문을 듣자 그의 전략전술을 파악하고 그 위에 자신의 계략을 덧붙였다. 그리고 남자들뿐만 아니라 여자들도 모조리 군사로 뽑아서 인디아 임금의 군사는 세몬의 군사보다도 훨씬 많아졌다. 또 소총과 대포 만드는 법을 세몬 임금에게서 빼냈을 뿐만 아니라 공중을 날아 하늘에서 터지게 하는 폭탄도 개발했다.

세몬 임금은 인디아 임금에게 싸움을 걸었다. 세몬 임금은 지난번의 전쟁과 마찬가지로 곧 승리할 것이라 예상했지만, 날카로운 낫도 언제까지나 잘 드는 것은 아니다.

인디아 임금은 세몬의 군대를 사정거리까지 들어오게 하지 않고 여자 군사들을 공중으로 보내어 적군의 머리 위에다 폭탄을 터뜨리기도 했다. 여자 군사들은 마치 진딧물에다 약을 뿌리듯이 폭탄을 퍼부어 댔다. 세몬의 군대는 혼비백산하여 여기저기로 뿔뿔이 달아나고 결국 세몬 임금만 남게 되었다. 인도의 임금은 세몬의 나라를 빼앗고, 군인인 세몬은 정신 없이 도망쳐 다녔다.

큰 도깨비는 맏형 세몬을 해치우자 곧 타라스 왕에게로 갔다. 이번에는 상인으로 위장하여 타라스의 나라에 자리를 잡고, 많은 사람들에게 선심을 베풀기도 하고 돈을 물쓰듯 마구 뿌리기도 하였다. 이 상인은 물건값을 높게 쳐서 사 주었기 때문에 사람들은 돈을 벌기 위해 모두 이 상인에게로 몰려들었다. 이리하여 백성들의 호주머니가 두둑해지자 세금도 제때에 걷혔고, 어떤 세금이든 기한 내에 바치게 되었기 때문에 체납금도 없어졌다.

타라스 임금은 매우 기뻤다.

"매우 고마운 상인이로구나. 내 돈도 자꾸자꾸 불어나고 나라의 살림 살이도 더욱 좋아지고 있으니."

그래서 타라스 임금은 새로운 계획을 세우고 자기의 새 궁전을 짓기 시작했다. 그는 재목이며 돌을 나르고, 새 궁전 짓는 일을 하라고 백성들에게 명을 내렸다. 타라스 왕은 돈을 벌기 위해 백성들이 일을 하러 몰려오겠거니 하고 생각했다.

그런데 재목이며 돌은 모두 그 상인에게 실어가고 일꾼들도 모두 그 상인에게로 몰려가고 있는 것이 아닌가. 타라스 임금은 많은 돈을 가지고 있었으므로 일꾼들의 품삯을 올렸다. 그러나 상인은 타라스 임금보다 더 많은 돈을 가지고 있었다. 그래서 일꾼들에게 임금보다 더 많은 급료를 제시하여 타라스 임금을 곤경에 빠뜨렸다.

궁전은 착공만 해 놓고 좀체로 준공되지 못하고 있었다. 타라스 임금은 궁전 안에 정원을 꾸밀 계획을 세웠다. 가을이 되자 타라스 임금은 백성들에게 정원을 만들러 오라고 명령을 내렸다. 그러나 아무도 나오지 않았고, 모두 그 상인의 연못을 파러 가 버렸다. 어느 새 겨울이 왔다. 타라스 임금은 새 털외투를 만들기 위해 검은 담비의 가죽을 사야겠다고 생각하고 신하를 보냈다. 사신은 돌아와 말했다.

"폐하, 검은 담비는 없사옵니다. 그 상인이 모조리 사들였기 때문입니다. 그자는 훨씬 비싼 값을 주고 그것을 사서 모두 방석을 만들었다 하옵니다."

타라스 임금은 종마를 사려 했다. 그래서 신하들에게 말을 사들이라고 명령했다. 그러나 말을 사기 위해 나갔던 사신들은 모두 돌아와서 종마는 모두 그 장사치의 연못을 채울 물을 나르고 있다고 아뢰었다.

모두 임금의 일이라면 아무 일도 하지 않으려 하면서 상인의 일이라면 어떤 일이라도 하려 했고, 임금에게는 그 상인에게서 번 돈으로 세금을 내기만 할 뿐이었다.

타라스 임금에게는 주체할 수 없이 많은 돈이 남아돌았지만 생활은 더욱 나빠지기만 했다. 타라스 임금은 이제 모든 계획을 중단하고 살아갈 길만을 생각하게 되었다. 하지만 생활은 더욱 나빠지기만 했다. 요리사들도, 하인들도, 마부도, 여자들도 모두 그에게서 상인 쪽으로 눈을 돌리기 시작했다.

어느 새 식량까지 모자랄 지경에 이르렀다. 시장으로 물건을 사러 사람을 보냈지만, 아무것도 살 수 없었다. 물건들을 그 상인이 몽땅 사들였기 때문이다. 임금은 그저 세금으로 돈을 받을 뿐이었다.

타라스 임금은 잔뜩 화가 나서 상인을 나라 밖으로 추방해 버렸다. 그러나 상인은 국경에 자리를 잡고 앉아 여전히 똑같은 일을 하고 있었다. 그래서 여전히 상인의 돈을 보고 모든 물건이 임금에게서 상인에게로 몰려가는 형편이었다.

타라스 임금의 사정은 더욱 악화되었다. 며칠씩 굶는가 하면, 상인이 임금에게서 왕비를 사려 한다는 소문이 들리기도 하였다. 타라스 임금은 어떻게 해야 할지 심각한 고민에 빠졌다.

어느 날, 군인인 세몬이 동생 타라스를 찾아와 이렇게 말했다.

"나를 좀 도와 다오. 나는 인디아 임금에게 패하고 말았어."

그러나 배불뚝이 타라스 자신도 지금은 뱃가죽이 등뼈에 달라붙어 있는 지경이었다. 타라스는 말했다.

"저도 벌써 이틀째 아무것도 먹지 못했어요."

11

큰 도깨비는 이렇게 두 형제를 궁지에 몰아넣은 후 이반을 찾아갔다. 큰 도깨비는 장군으로 위장하여 이반에게로 찾아가 군대를 조직할 것을 권했다.

"임금님께서 군대 없이 지내신다는 것은 체통이 서지 않는 일입니다. 어명을 내리시기만 하면 제가 나라의 백성들 중에서 군사들을 모집하

여 훌륭한 군대를 만들어 드리겠습니다."

그의 말을 듣고 이반이 말했다.

"그럼 어디 만들어 보시오. 그리고 군사들이 노래를 잘 부를 수 있도록 가르치시오. 나는 그것을 제일 좋아하니까."

큰 도깨비는 이반의 나라를 돌아다니면서 지원병을 모집하기 시작했다. 군대에 지원하는 자는 누구에게나 좋은 술 한 병과 빨간 모자를 주겠노라고 덧붙였다.

그러나 바보들은 코웃음을 치며 말했다.

"술 따위는 우리에게 얼마든지 있어. 술 정도는 직접 우리 손으로 담그니까 말이야. 그리고 갖고 싶은 모자가 있으면 아낙네들에게 말하면 돼. 어떤 모자든지 만들어 주니까. 색깔이 알록달록한 것이나 술이 달린 것까지도."

이렇게 하여 누구 한 사람 군대에 지원하려는 사람이 없었다. 큰 도깨비는 이반을 찾아가 말했다.

"임금님의 나라 바보들은 자진해서 군사가 되려고 하지 않사옵니다. 그러므로 권력을 써서 그들을 몰아내야 할 줄로 생각됩니다."

"음, 그것도 좋겠군. 그럼 권력을 써서 군대를 만들어 보시오."

그래서 큰 도깨비는 포고령을 내렸다.

"바보들은 모두 군사가 되어야 하며, 만일 거역하는 자가 있으면 이반 임금님께서 사형을 내리실 것이다."

바보들은 장군에게로 몰려와 이렇게 말했다.

"당신은 만일 우리들이 군사가 되지 않으면 임금님께서 사형을 내리실 것이라고 말씀하시는데, 군대에 지원하게 되면 어떻게 된다는 것은 말하지 않았습니다. 군사가 되면 목숨을 잃게 된다고 하던데."

"그렇지, 그런 일이 있기도 하지."

이 말을 들은 바보들은 고집을 부리며 응하지 않았다.

"그렇다면 우리는 군사가 되지 않겠습니다. 차라리 집에서 죽는 게 더 나아요. 어차피 죽기는 매한가지니까."

"너희들은 정말 바보들이로구나. 이 바보들아!"

큰 도깨비가 호통쳤다.

"군사가 된다고 해서 다 죽는 것은 아니야. 그렇지만 군사가 되지 않으면 반드시 이반 임금님에게 죽음을 당하게 될 거야."

바보들은 곰곰이 생각하다가 바보 이반 임금에게 물어 보러 갔다.

"장군께서 모두 군사가 되라고 저희에게 명령하고 계십니다. 그런데 군대에 나가면 죽을는지 안 죽을는지 모르지만, 나가지 않으면 이반 임금께서 저희들을 사형에 처한다고 하시니 그게 정말입니까?"

이반은 껄껄 웃으며 말했다.

"어떻게 짐이 혼자서 그대들을 사형시킬 수 있겠느냐? 내가 바보가 아니었다면 그대들에게 잘 설명했으련만. 나 자신도 어찌 된 영문인지를 모르겠으니 말이다."

"그렇다면 저희들은 군대에 가지 않겠습니다."

하고 그들은 말했다.

"그렇게들 하여라. 나가지 않아도 좋아."

이반의 대답을 들은 백성들은 큰도깨비인 장군에게로 가서 군사가 되기를 거절하였다.

큰 도깨비는 일이 잘되지 않음을 알고 이웃 나라의 타라칸 왕에게로 가서 전쟁을 일으키도록 부추겼다.

"이번 기회에 이반 임금의 나라를 칩시다. 그 나라에는 돈은 적지만, 곡식이며 가축이며 그 밖의 진귀한 물건이 아주 풍부합니다."

타라칸 왕은 싸움을 벌이기로 했다. 먼저 군사를 모으고 총과 대포를 갖추자, 국경을 넘어 이반의 나라에 침입하기 시작했다. 사람들은 이반에게로 달려와 이렇게 아뢰었다.

"타라칸 왕이 국경을 넘어 침입했습니다."

"싸움을 걸 테면 해 보라지."

타라칸 왕은 국경을 넘자 척후병을 보내어 이반 군대의 동정을 은밀히 살피도록 했다. 척후병은 여기저기를 돌아다니며 군대를 찾았지만 어디에도 보이지 않았다. 혹시 어딘가에서 갑자기 나타날지 모르기 때문에 기다리고 또 기다렸지만 군대에 대한 소문조차 들을 수 없었다. 누구와 싸우려 해도 싸울 상대가 없었다.

타라칸 왕은 군사를 보내어 마을들을 점령하게 했다. 군사들이 한 마을에 들이닥치자, 군사를 본 남녀 바보들은 미심쩍어하며 깜짝 놀란 눈치였다. 군사들은 바보들에게서 곡식이나 가축을 빼앗았다. 바보들은 아무 저항 없이 순순히 물건들을 내주었을 뿐만 아니라, 여기서 같이 살자고 권유를 하기도 하였다. 군사들은 딴 마을로 가 보았지만 역시 마찬가지였다.

군사들은 그 날도, 그 이튿날도 여기저기 돌아다니고 또 돌아다녔지만 어디든 마찬가지였다. 가지고 있는 것은 전부 다 내주었고, 어느 한 사람도 자기를 지키려고 애쓰지 않았다.

"저, 이봐요. 당신네 나라에서 살기 힘들면 모두 우리 나라로 와서 지내세요."

군사들은 사방팔방을 돌아다니며 조사해 보았지만 그 어디에도 군대 같은 건 없었다. 또 백성들은 모두 일을 하면서, 스스로 먹고 남는 것으로 다른 사람들을 먹여 살리고 있었다. 모두들 자기 한 사람만을 지키기 위해 버둥거리기는커녕 오히려 이 곳에서 같이 살자고 권유했다.

군사들은 점점 지루해지기 시작했다. 그리하여 타라칸 왕에게로 돌아가 말했다.

"저희들은 전쟁을 할 수가 없습니다. 저희들을 다른 나라로 보내 주십시오. 차라리 전쟁을 하면 좋으련만, 이건 어찌 된 일인지 잘 모르겠습니다. 마치 유약한 사람을 참살하는 것 같아 이 나라에서는 더 이상 싸울 수가 없습니다."

타라칸 임금은 매우 화가 났다. 그리하여 온 나라를 돌아다니며 마을을 어지럽히고 집과 곡식을 불사르며 가축을 죽여 버리라고 군사들에게 명령했다.

"만일 내 명을 거역하는 자가 있으면 어느 누구를 막론하고 가차없이 처벌하겠다."

군사들은 깜짝 놀라 임금의 명령대로 실행하기 시작했다. 그들은 집이나 곡식을 불태우고 가축을 죽였다. 그래도 바보들은 여전히 자기들을 지키려하지 않고 그저 울기만 할 따름이었다. 남녀노소 할 것 없이 모두 울었다.

"무엇 때문에 우리를 괴롭히는 거냐? 왜 우리 재산을 망치는 거냐? 필요하거든 차라리 그냥 가져가면 될 것 아니냐?"

군사들의 마음은 침울해졌다. 그래서 더 이상 돌아다니기를 그만두었다. 마침내 군사들은 뿔뿔이 흩어지고 말았다.

12

이렇게 하여 큰 도깨비는 떠나 버렸다. 군사의 힘으로는 이반을 골릴 수 없었기 때문이다.

큰 도깨비는 다시 멋진 신사로 위장하고 이반의 나라에서 살기 위해 갔다. 배불뚝이 타라스에게 했던 것과 마찬가지로 돈으로 골려 주고 싶었던 것이다.

"나는 훌륭한 지식을 가르쳐서 당신에게 도움이 되었으면 합니다. 맨 먼저 나는 이 나라에 집을 짓고 장사를 시작하겠습니다."

"그거 좋은 생각입니다. 그럼 여기서 지내도록 하십시오."

한 벼슬아치가 신사에게 숙소를 빌려 주었다. 이윽고 신사는 잠자리에 들었다. 하룻밤을 지내고 다음 날 아침 그는 금화가 가득 들어 있는 커다란 자루와 종잇조각을 들고 광장으로 나가서 외쳤다.

"여러분은 마치 돼지처럼 지내고 있습니다. 그래서 저는 여러분들에게 어떻게 살아가야 하는지를 가르쳐 드리려고 합니다. 먼저 이 설계도처럼 집을 지으세요. 여러분은 일을 하고 지시는 제가 내리도록 하겠습니다. 내 지시대로만 하면 보답으로 금화를 드리겠습니다."

이렇게 말하며 들고 있던 금화를 사람들에게 보여 주었다. 바보들은 모두 놀랐다. 그 이유는 그들에게는 이제껏 돈이라는 것이 없었기 때문이다. 그 대신 필요한 물건을 서로서로 교환하는 물물교환을 하고, 공동으로 일을 하기도 했다. 그들은 모두 금화에 넋을 잃었다.

"이거 참 괜찮은데. 장난감으로는 그만이야."

그들은 곧 온갖 물건이며 노동력을 신사의 금화와 바꾸려고 그에게 드나들게 되었다. 큰 도깨비는 타라스의 나라에서 했듯이 사람들의 환심을 사기 위해 금화를 마구 뿌려 대기 시작했다. 그러자 사람들은 금화와 물건을 바꾸기도 하고 온갖 일을 해 주고 금화를 받기도 했다. 큰 도깨비는 속으로 미소를 지으며 생각했다.

'이 정도면 순조롭게 일이 진행되는 것 같은데. 이번에야말로 그 바보 녀석을 타라스처럼 엉망으로 만들어 놓을 테다. 녀석이 다시는 일어나지 못하도록 완전히 골탕먹여 놔야지.'

그런데 바보들은 금화를 손에 넣자마자 목걸잇감으로 쓰는가 하면,

아낙네들에게 나누어주기도 하고, 여자아이들의 모양을 내고 꾸미는 데 쓰기도 했다. 많은 금화가 생기자 그들은 더 이상 얻으려고 하지 않았다.

그런데 멋진 신사의 궁궐 같은 집은 아직 절반 정도도 다 짓지 못했으며, 곡식과 가축도 일 년분이 채 못 되었다. 그래서 신사는 자기에게로 일을 하러 오라, 곡식이며 가축을 가지고 오라, 어떤 물건을 가지고 오든, 어떤 일을 하건 그 값으로 많은 금화를 주겠노라고 했지만, 어느 누구도 일하러 오지 않았다. 이따금 사내아이와 여자아이들이 달걀을 가지고 와서 금화와 바꾸어 가거나 혹은 금화를 받고 물건 나르는 심부름을 해 주는 것이 고작이었다. 그 이외에는 찾아오는 사람이라고는 아무도 없었다.

멋진 신사는 점차 먹을 것마저 부족하게 되었다. 배가 고팠기 때문에 신사는 먹을 것을 사려고 마을 안을 서성거렸다. 그러다 어느 한 집에 들어가 암탉을 사려고 금화를 주었다. 그러나 여주인은 그것을 받으려 하지 않았다.

"우리 집에도 그런 건 얼마든지 있어요."

그녀는 이렇게 말했다.

이번에는 어느 어부 집에 들러 생선을 사기 위해 금화를 내밀었다. 그러자 어부는 금화를 거절하며 말했다.

"저희 집에는 어린아이들이 없어서 금화를 가지고 놀 만한 사람이 없답니다. 게다가 귀한 물건이어서 저도 세 닢 정도 가지고 있죠."

큰 도깨비는 빵을 사기 위해 이번에는 어느 농사꾼 집에 들렀다. 그러나 이 농사꾼도 금화를 받으려고 하지 않았다.

"저희 집에는 필요 없어요. 선한 일을 하기 위해서라면 모르겠지만. 잠깐만 좀 기다려 주세요. 아내에게 빵을 썰어 오라고 할 테니까요."

큰 도깨비는 기분이 나빠 땅에 침을 퉤! 뱉고는 곧바로ʹ 농사꾼 집에서 도망쳐 나왔다.

이렇게 해서 큰 도깨비는 빵도 얻지 못하고 말았다. 사람들은 모두 금화를 충분히 가지고 있었기 때문에, 돈을 보고 큰 도깨비에게 물건을 주려 하지 않았다. 그 대신 모두들 이렇게 말하는 것이었다.

"무엇인가 다른 것을 가지고 오든가, 일을 하러 오든가, 그렇지 않으면 적선을 바라고 동냥을 하러 오구려."

그러나 큰 도깨비는 금화 외에는 아무것도 가진 것이 없었다. 그렇다고 일을 하기는 더더욱 싫었고, 동냥을 할 수도 없었다. 큰 도깨비는 잔뜩 화가 났다.

"도대체 어떻게 된 거야. 돈만 있으면 무엇이든지 살 수 있고 어떤 일꾼이라도 마음대로 부릴 수 있는데 말이야."

그러나 바보들은 이렇게 말할 뿐이었다.

"아니에요, 그런 건 정말 필요 없어요. 여기서는 재산이나 세금 같은 게 없으니까요. 그런데 그까짓 돈을 가져다 어디에 쓰겠습니까?"

큰 도깨비는 저녁도 먹지 못하고 잠자리에 들었다.

이 일이 바보 이반의 귀에 들어갔다. 백성들이 그에게 찾아와 이렇게 물었기 때문이다.

"저희들은 어떻게 하면 좋을까요? 어느 날 멋진 신사 한 분이 저희를 찾아오셨습니다. 그는 맛있는 것을 먹고 좋은 술을 마시고 깨끗한 옷만 입기를 좋아하면서도 일은 전혀 하지 않더군요. 더구나 동냥도 하지 않고 그저 금화라는 것만 저희에게 내 놓을 뿐입니다. 전에 금화가 없을 때에는 모두 이 신사에게 무엇이든지 다 갖다 주었는데, 이제는 그 어느 것도 주는 사람이 없습니다. 이 신사를 어떻게 해야 하나요? 굶어 죽지나 말아야 할 텐데 말입니다."

백성들의 이야기를 다 듣고 난 이반은 이렇게 말했다.

"그렇고말고. 먹여 주어야 하느니라. 양치는 목자처럼 집집마다 돌아다니며 얻어먹을 수 있도록 하여라."

큰 도깨비는 할 수 없이 이 집 저 집 돌아다니며 음식물을 얻어먹기 시작했다. 그러는 동안 이반의 궁궐 차례가 되었다.

큰도깨비가 점심을 먹으러 가자, 이반의 여동생인 벙어리 말라냐가 점심을 준비하고 있었다. 그녀는 지금까지 자주 게으름뱅이에게 속아 왔다. 게으름뱅이는 일도 하지 않으면서 제일 먼저 밥을 먹으러 와서는 차려 놓은 음식을 전부 먹어 치우는 것이다. 말라냐는 그들의 손을 보고 게으름뱅이를 곧잘 가려 내었다. 그러고는 굳은살이 박힌 사람에게는 식탁에 앉아 식사를 할 수 있게 하지만, 굳은살이 없는 사람에게는 먹다 남은 음식 찌꺼기를 주고 있었다.

큰 도깨비가 식탁에 앉자 말라냐는 얼른 손바닥을 들여다보았다. 굳은살이 하나도 박혀 있지 않았다. 손은 곧고 깨끗했으며 손톱은 길게 자라 있었다. 말라냐는 무어라 소리치며 큰 도깨비를 식탁에서 끌어 내었다.

그러자 이반의 아내가 그에게 말했다.

"화내지 마세요. 말라냐는 손에 굳은살이 박히지 않은 사람은 절대 식탁에 앉지 못하게 한답니다. 잠깐만 기다리셨다가 다른 사람들의 식사가 끝난 뒤에 남은 것을 드세요."

'임금의 궁궐에서 나에게 돼지 먹이와 다를 바 없는 음식을 주려 하는구나.'

큰 도깨비는 매우 화가 나서 이반 임금을 찾아가 말했다.

"임금님의 나라에서는 모든 사람은 손으로 일을 해야만 한다는 어처구니없는 법률이 있습니다. 그러나 그것은 백성들이 어리석기 때문에 생긴 것입니다. 영리한 사람은 무엇으로 일을 하는지 아십니까?"

그러자 이반이 말했다.

"바보인 우리가 그런 걸 어떻게 알겠나? 우리들은 무엇이든 그저 손과 등으로 일을 할 뿐이라네."

"그것은 말하자면 임금님과 백성들이 바보이기 때문입니다. 그럼 제가 머리로 일을 하는 게 어떤 것인지를 가르쳐 드리겠습니다. 그러면 임금님과 백성들도 손보다 머리로 일을 하는 것이 훨씬 이득이 많다는 것을 알게 되실 겁니다."

이반은 깜짝 놀랐다.

"음, 과연 그렇겠군. 우리가 바보라고 불리는 이유를 알 만하군."

그러자 큰 도깨비가 설명하기 시작했다.

"하지만 머리로 일을 한다는 것 또한 결코 쉬운 일이 아닙니다. 제 손에 굳은살이 박히지 않았다는 이유로 모두들 제게 먹을 것을 주지 않는 것은 이런 사실을 모르고 있기 때문입니다. 머리로 일을 하는 것이 백 배나 더 어렵다는 것을 말이지요. 때로는 머리가 쪼개질 듯이 고통스러운 경우도 있습니다."

이반은 생각에 잠겼다.

"그런데 자네는 어찌해서 자기 자신을 괴롭히는 것이지? 머리가 쪼개질 듯한 경우도 있다니 과연 쉬운 일은 아닌가 보군. 그럼 차라리 손과 등을 사용하여 좀더 쉬운 일을 하면 될 것이 아닌가?"

그러자 도깨비는 말했다.

"제가 제 자신을 괴롭히는 것은 여러분들 같은 어리석은 사람들을 가엾게 여기기 때문입니다. 만약 제가 제 자신을 괴롭히지 않는다면 여러분들은 영원히 바보로 살아가게 될 것입니다. 그러나 소신은 머리로 일을 해 왔기 때문에 이제부터 여러분들에게도 가르쳐 드리려 하는 것입니다."

이반은 놀랐다.

"그럼 어서 가르쳐 주게. 손과 등이 지치면 머리로 대신할 수 있는 방법을 말이네."

큰 도깨비는 그것을 가르쳐 주겠다고 약속했다.

이반은 온 나라에 방을 붙여서 이 사실을 알렸다.

'훌륭한 신사가 우리에게 머리로 일하는 방법을 가르쳐 주겠다고 한다. 머리는 손보다 더 많은 일을 할 수 있다니 모두들 배우러 나오라.'

이반의 나라에서는 높은 망대를 세우고, 망대 꼭대기까지 올라갈 수 있는 사닥다리를 놓고, 그 위에 연단을 마련했다. 이반은 모든 사람들이 신사의 모습을 잘 볼 수 있도록 신사를 연단 위로 안내했다.

신사는 망대 위에 서서 무어라 떠들어 대기 시작했다. 바보 백성들은 이것을 구경하기 위해 구름처럼 몰려들었다. 바보들은 머리로만 일하는 것이 어떤 것인지 신사가 실제로 보여 줄 것이라 생각했다.

그러나 큰 도깨비는 어떻게 하면 일을 하지 않고 살아갈 수 있는가에 대해서만 떠들어 댔다. 바보들은 뭐가 뭔지 도무지 알 수가 없었다. 그래서 잠시 동안 구경하다가 곧 뿔뿔이 흩어져 가 버렸다.

큰 도깨비는 하루 종일 망대 위에 서 있었다. 그 다음 날도 내내 망대 위에 서서 떠들었다. 그는 배가 몹시 고파서 무엇이라도 먹고 싶었다. 그러나 바보들은, 저 사람은 머리로 일을 할 수 있는 사람이니 그까짓 빵쯤은 얼마든지 만들어 낼 수 있으리라 생각했다. 그래서 아무도 그에게 빵을 가져다 주려 하지 않았다.

큰 도깨비는 그 다음 날도 연단 위에 서서 줄곧 떠들어 댔다. 그러나 사람들은 가까이 다가와 잠시 올려다보고는 또다시 어디인가로 흩어져

갈 뿐이었다.

이반은 이따금 사람들에게 물어 보았다.

"그래, 어떤가? 그 신사는 머리로 일을 하기 시작했는가?"

이반의 물음에 사람들이 대답했다.

"아닙니다. 여전히 혼자 떠들어 대기만 할 뿐입니다."

큰 도깨비는 며칠째 단 위에 서 있었고 이제는 몸도 지쳐 비틀거리기 시작했다. 어느 날, 큰 도깨비는 휘청거리다가 그만 기둥에 머리를 부딪치고 말았다. 한 바보가 그것을 보고 이반의 아내에게 알리자, 이반의 아내는 들에서 일을 하고 있는 이반에게 달려갔다.

"어서 구경가요. 그 신사가 드디어 머리로 일을 하기 시작했대요."

"그게 정말이오?"

이반은 말을 타고 곧장 망대로 달려갔다.

망대에 도착하자 도깨비는 굶주리다 못해 쇠약해질 대로 쇠약해져서 비틀거리며 머리를 기둥에 부딪치는 것이었다. 그러더니 이반이 가까이 다가가는 순간 도깨비는 거꾸러지며 우당탕하는 요란한 소리와 함께 사다리의 계단을 따라 떨어져 내렸다.

"옳지! 언젠가 신사가 머리가 쪼개지는 경우도 있다더니, 과연 정말이구나. 손에 굳은살이 박히는 정도는 아무것도 아니군. 저렇게 일을 하다가는 머리에 수많은 혹이 생기겠어."

큰 도깨비는 사닥다리 밑으로 굴러 떨어지더니 땅바닥에 머리를 처박고 말았다. 신사가 얼마나 많은 일을 했는가를 알아보기 위해 이반이 가까이 다가가는 순간, 갑자기 땅이 양옆으로 쫙 갈라지더니 큰 도깨비는 땅 속으로 들어가 버리고, 그 자리에 작은 구멍 하나가 생겼다.

이반은 머리를 긁적거리며 말했다.

"아, 요런 놈을 다 봤나! 아니, 또 그놈이란 말인가! 분명 그놈들의

애비가 틀림없을 거야. 별 요상한 놈도 다 있군."

이반은 오늘날까지 살아 있으며 많은 사람들이 그의 나라로 몰려들고 있다. 두 형들이 이반을 찾아오자 이반은 따뜻하게 맞아주었다. 또 누군가 찾아와서,

"저희들을 좀 먹여 살려 주십시오."

라고 부탁하면

"아, 여기 와서 살게나. 여기에는 무엇이든 풍족하게 있으니까."

하고 말한다.

그러나 이 나라에는 단 한 가지 독특한 풍습이 있다. 그것은 손에 굳은살이 박힌자는 식탁에 앉아 음식을 먹을 수 있지만, 굳은살이 박히지 않은 자는 다른 사람들이 먹고 남은 찌꺼기를 먹어야 한다는 것이다.

두 노인

여자가 가로되 주여 내가 보니 선지자로소이다. 우리 조상들은 이 산에서 예배하였는데 당신들의 말은 예배할 곳이 예루살렘에 있다 하더이다. 예수께서 가라사대 여자여 내 말을 믿으라. 이 산에서도 말고 예루살렘에서도 말고 너희가 아버지께 예배할 때가 이르리라. 너희는 알지 못하는 것을 예배하고 우리는 아는 것을 예배하노니 이는 구원이 유대인에게서 비롯됨이나라. 아버지께 참으로 예배하는 자들은 신령과 진정으로 예배할 때가 오나니 곧 이 때라. 아버지께서는 이렇게 자기에게 예배하는 자들을 찾으시느니라(요한복음 4장 19~23절).

1

두 노인이 성지 예루살렘으로 순례를 떠났다. 한 노인은 부유한 농부인 에핌 타라스비치 세벨로프이고, 또 한 노인은 별로 부유하지 않은 엘리사이 보도로프였다.

에핌은 매우 성실한 농부로서 술을 마시지도, 담배를 피우지도 않았다. 세상에 태어난 이후 한 번도 욕을 한 적도 없고 모든 일에 엄격하고 야무진 성격이었다. 에핌은 마을 이장직을 두 번이나 맡았지만 단돈 1원도 어김이 없이 무사히 임기를 마쳤다. 그는 대가족을 거느린 가장이

기도 했다. 딸린 식구들이 많아 두 아들 외에 결혼한 손자까지 두고 있었다. 그의 겉모습은 누가 보아도 건강한 사람임을 알 수 있었다. 턱에는 긴 수염을 기르고, 일흔이 다 되었지만 허리도 구부러지지 않았을 뿐만 아니라 그제서야 수염에 흰 서리가 내리기 시작할 정도였다.

같은 마을에 사는 엘리사이 노인은 부유하지도, 그렇다고 가난한 형편도 아니었다. 젊어서는 목수일을 하느라 이곳저곳을 돌아다녔지만, 나이 먹은 뒤로는 집에서 머물며 꿀벌을 기르고 있었다. 맏아들은 돈을 벌기 위해 먼 곳으로 떠났고, 둘째 아들은 집안일을 돕고 있었다. 엘리사이는 마음씨 좋기로 소문난 사람으로, 명랑하고 술도 잘 마시고, 담배도 피웠다. 그리고 언제나 노래부르기를 좋아했으며 차분한 성격으로 가족들이나 이웃들과도 잘 어울렸다. 키가 작고 얼굴빛은 거무스레한 허약한 농부로, 곱슬곱슬한 수염을 기르고 마치 옛 예언자 엘리사이의 머리를 닮은 홀랑 벗겨진 대머리였다.

두 노인은 오래 전부터 함께 성지 순례를 여행하기로 약속을 했지만, 에핌 노인 쪽이 언제나 집안일 때문에 차일피일 미루느라 떠나지 못하고 있었다. 한 가지 일이 끝났다 싶으면 또 다른 일이 생기고는 했다. 손자의 결혼 피로연이 끝나자 이번에는 막내아들이 군에서 제대를 하여 집으로 돌아왔다. 그런가 하면 새로 집을 지어야 할 형편이었다.

어느 축제날, 우연히 만난 두 노인은 마을 앞에 놓인 통나무 위에 걸터앉았다. 엘리사이가 먼저 말문을 열었다.

"에핌, 언제 성지 순례를 떠날 텐가?"

에핌은 얼굴을 찡그리며 말했다.

"금년에는 모든 일이 생각한 대로 되질 않으니, 아무래도 더 기다려야겠어. 새로 집을 짓는데 1백 루블 정도면 충분할 거라고 생각했는데, 벌써 3백 루블이 들었다네. 그런데도 아직 공사가 끝나지 않았어.

아무래도 여름쯤에나 공사가 끝날 모양이야. 그래도 주님 뜻이라면 올해 여름에는 예루살렘으로 떠날 수 있겠지."

에핌이 또다시 물러앉으려 하자 엘리사이가 다그쳤다.

"그렇게 미루기만 하다가는 영영 떠나지 못할 걸세. 마음을 정하고 바로 떠나야지. 지금은 봄이어서 날씨도 화창하니 떠나기에는 정말 좋은 때야."

"물론 떠나기에는 더없이 좋은 계절이지. 하지만 한창 진행중인 일이 있는데 어떻게 떠나겠나?"

"아니, 자네 집에서는 그런 일을 맡아서 할 사람이 자네밖에 없단 말인가? 아들녀석이 다 맡아서 하면 되지 않는가?"

"그 녀석이 무얼 알아서 해? 큰녀석이라고 어디 믿을 만한 구석이 있어야지. 엉뚱한 일이나 저지를 게 뻔해."

"그건 자네가 잘못 생각하고 있는 거야. 우리는 어차피 곧 죽을 사람들 아닌가? 남은 자식들은 우리가 없어도 다 잘해 나갈 거야. 자네 아들도 지금부터 일을 배워서 익히도록 해야지."

"물론 자네 말이 맞아. 하지만 엘리사이, 이번 일은 내 눈으로 직접 완성되는 모습을 보고 싶네."

"그럼, 자네 좋을 대로 하게. 난 더 이상 상관하지 않겠네. 이 일 저 일 다 챙기다 보면 언제 끝이 나겠나? 한이 없지. 얼마 전에 내 아내와 며느리들이 축제일을 앞두고 집 안을 청소한다, 빨래를 한다, 정신이 없더군. 그런데 우리 큰며느리가 영특해서 '우리 일과는 상관없이 축제일이 빨리 다가와서 살 것 같아요. 그렇지 않으면 아무리 일을 해도 끝이 나지 않을 테니까요.' 라고 말하더군."

엘리사이의 말을 들은 에핌은 아무 말 없이 생각에 잠겼다.

"그런데 우리 집 공사비가 적은 돈이라야지. 내가 계획한 돈보다 너무 많이 들었어. 빈손으로 여행할 수도 없고, 그렇다고 한두 푼 가지고 되는 것도 아니고. 적어도 1백 루블 정도는 있어야 하지 않겠나."

엘리사이는 웃음을 터뜨리며 말했다.

"에핌, 내 앞에서 그런 말을 하면 안 돼. 아니, 자네 재산이 얼만데 고작 1백 루블로 걱정을 하나. 내 재산에 비하면 몇 배는 될 텐데. 그런 얼토당토않은 걱정은 집어치우고 언제 떠날지 날짜나 정하세. 당장 가진 돈은 없지만 막상 길을 떠나려고 하면 그만한 돈이야 마련 못하겠나."

이 말을 들은 에핌 노인도 웃으며 말했다.

"자네, 알고 보니 대단한 부자로군, 그래. 도대체 그만한 돈을 어디서 마련한단 말인가?"

"뭘 걱정하나. 집안에 있는 돈이란 돈은 다 긁어모으고, 그래도 모자라면 벌통을 몇 개 팔면 되겠지. 이웃집에서 오래 전부터 사겠다고 했으니까."

"그래도 이웃집에 판 벌통에서 꿀이 많이 수확되면 속상할걸."

"속상해? 예끼, 이런 몹쓸 사람. 그런 말 함부로 하지 말게. 이 세상에서 죄를 짓는 것 외에 후회를 하거나, 속상할 것은 없네. 영혼보다 더 소중한 건 없으니까."

"그야 물론이지. 그래도 집안일 때문에 마음이 편치 않아."

"하지만 영혼에 관련된 일에 질서가 잡히지 않으면 더 마음이 편치 않은 법이야. 아무튼 약속한 것이니 떠나세……. 꼭 떠나자니까."

2

엘리사이는 열심히 친구를 설득했다. 에핌은 밤새도록 고민한 끝에 다음 날 아침이 되자 엘리사이를 찾아갔다.

"떠나세. 자네 말대로 한 인간이 살고 죽는 것은 모두 주님의 뜻이니 아직 우리에게 힘이 남아 있을 때 떠나야겠어."

에픰 노인은 자신의 결심을 말했다.

일주일이 지나자 성지 순례를 할 채비는 모두 끝났다.

부유한 에픰은 돈 걱정이 없었으므로 집에 있던 돈 중 여행비로 1백 루블을 챙기고, 남은 2백 루블은 아내에게 맡겼다.

엘리사이도 준비를 하기 시작했다. 집 밖에 내어놓은 벌통 중에서 열 개를 이웃집에 팔고, 거기서 막 생겨나는 새끼벌들도 모두 주기로 하였다. 이렇게 해서 70루블을 마련했다. 나머지 30루블은 가족들이 조금씩 보태었다. 그의 아내는 자기의 장례식에 쓰기 위해 조금씩 모아 두었던 돈을 내놓고, 며느리도 자기 돈을 내놓았다.

에픰은 아들에게 집안일을 모두 맡겼다. 풀은 어디서 얼마만큼 베어야 하는지, 거름은 어느 곳으로 옮겨야 하는지, 공사의 완공은 어떤 방법으로 하며, 지붕의 모양은 어떻게 해야 한다는 것 등을 자세히 일러두었다.

그런데 엘리사이는 아내에게 이웃집에 판 벌통에서 생기는 새끼벌들은 따로 모아서 반드시 건네주라고 일렀을 뿐, 집안일에 대해서는 아무 말도 하지 않았다. 집안일은 각자 맡은 사람이 스스로 알아서 처리하면 된다고 생각하였기 때문이다.

두 노인은 떠날 준비를 마쳤다.

가족들은 과자를 구워 먹을 것을 준비하고, 자루를 만들고 각반을 준비하고, 새 신도 만들었다. 두 노인은 갈아 신을 나막신도 따로 준비한 후 드디어 여행을 떠났다.

엘리사이는 가벼운 흥분을 느끼면서 걸음을 내디뎠다. 마을이 멀어지

자 집안일 따위는 모두 잊어버렸다.

　길을 걸으며 친구 에핌의 마음을 상하지 않도록 신경 쓰고, 만나는 사람 모두에게 경솔하게 행동하지 않고, 즐겁고 유쾌한 마음으로 무사히 목적지를 둘러보고 집으로 돌아오기만을 바랄 뿐이었다.

　엘리사이는 길을 걸으면서도 기도문을 암송하고, 자기가 익히 들어 알고 있는 성자들의 일대기를 마음속으로 끊임없이 생각했다. 누구를 만나더라도 웃음으로 친절히 대하고, 여관에 들어서면 다른 사람에게 따뜻하게 대했다. 또, 하나님의 가르침에 따라 언행에 주의하며 올바르게 행동하리라 다짐했다.

　엘리사이는 길을 걸으면서도 기쁜 마음을 주체할 수 없었다. 그러나 한 가지 그의 마음을 괴롭히는 것은 코담배를 끊지 못하는 것이었다. 이번 기회에 담배를 끊기 위해 아예 담배쌈지를 가져오지 않았지만, 참을 수가 없었다. 길에서 만난 사람에게 얻어 에핌 몰래 코담배를 맡고는 다시 길을 걸었다.

　에핌도 즐거운 듯 힘차게 걸음을 옮겼다. 다른 사람에게 해를 끼치는 행동이나 쓸데없는 말은 입밖에 내지 않았지만, 집안일 생각에 마음은 편치 않아 보였다. 아들에게 깜빡 잊고 일러 주지 않은 일은 없을까, 길을 가는 중에 사람들이 감자나 거름 따위를 옮기는 것을 보면 집에 있는 아들도 저렇게 잘 하고 있을까 하는 걱정이 앞서는 것이었다. 지금 당장이라도 여행을 그만두고 집으로 되돌아가서 자기 손으로 일을 해치우고 싶은 충동이 일어나고는 했다.

3

　두 노인은 다섯 주일 동안을 쉬지 않고 걸었다. 집에서 신고 온 나막신이 어느 새 다 떨어져 새 신을 사야 될 즈음 소러시아에 들어갔다.

집을 나서니 잠을 자는 것과 먹는 것, 모든 것에 다 돈이 들어갔다. 소러시아에 들어서니 지나가는 곳마다 서로 두 노인을 모셔 가기 위해 다투었다. 잠을 잘 곳과 식사를 공짜로 제공할 뿐만 아니라, 여행중에 먹을 빵과 과자도 자루에 넣어 주는 것이었다.

이렇게 두 노인은 큰 어려움 없이 7백 리 길을 걸어 이번에는 흉년이 든 어느 마을에 도착했다. 그 곳 주민들은 두 노인에게 잠잘 곳은 제공해 주었지만, 먹을 것은 아무도 주려 하지 않았다. 빵조차 주려 하지 않았을 뿐만 아니라 돈을 주고 살 수도 없었다.

그 곳 주민들은 지난해에 곡식이 여물지 않아 마을에 흉년이 들었다고 말했다. 부자들도 물건을 팔아 먹을 것을 구했고, 전부터 가난했던 사람들은 고향을 버리고 다른 지방으로 떠나는가 하면, 구걸을 하고 남은 자들은 근근이 살아가는 형편이었다. 추운 겨울에는 밀기울이나 풀뿌리 같은 것으로 끼니를 때워야만 했다고 말했다.

어느 날, 두 노인은 작은 마을에 들러 빵을 사고 하룻밤을 지낸 다음 아침해가 뜨자마자 다시 길을 떠났다. 햇빛이 너무 뜨거워지기 전에 조금이라도 더 걸으려는 것이었다.

십 리쯤 걷자 시내가 나왔다. 에핌과 엘리사이는 냇가에 다리를 펴고 앉아 빵을 먹으며 목을 축였다. 다 낡은 신을 버리고 새 것으로 갈아 신었다. 잠시 앉아 쉬는 동안 엘리사이가 주머니에서 코담배를 꺼냈다. 그것을 보자 에핌은 머리를 흔들며 엘리사이에게 말했다.

"자네 아직도 그 버릇을 못 버렸는가?"

엘리사이는 어쩔 수 없다는 듯 두 손을 내저으며 말했다.

"나는 죄를 짓고 있어. 하지만 끊기가 쉽지 않군."

두 노인은 다시 일어나 걸음을 옮기기 시작했다. 얼마쯤 걸어가자 눈

앞에 큰 마을이 나타났다. 마을을 다 지날 때쯤이 되자 햇볕이 뜨겁게 내리쬐었다. 엘리사이는 너무 지치고 피로해 잠깐 걸음을 멈추고 물을 마시며 목을 축이고 싶었지만, 에핌은 쉬려 하지 않았다. 에핌은 걸음걸이가 빨라 엘리사이는 따라가기가 힘에 부쳤다.

"에핌, 목이 말라. 물을 좀 마셨으면 좋겠군."

"나는 괜찮으니, 자네 혼자 마시도록 하게."

엘리사이는 걸음을 멈추고 에핌에게 말했다.

"그럼 자네는 나를 기다리지 말고 먼저 가게나. 나는 저 농가에 들러 얼른 물을 좀 얻어 마시고 자네 뒤를 쫓아갈 테니."

"알겠네. 그럼 나 먼저 가겠네. 지체하지 말고 뒤쫓아오게."

에핌의 뒷모습을 보며 엘리사이는 농가 쪽으로 돌아섰다.

엘리사이가 농가 앞에 다다르니 석회칠을 한 작은 집이 있었다. 집 아래쪽은 시커멓게 드러나 있고 위쪽만 석회칠을 했는데, 오랫동안 돌보지 않은 듯 위쪽의 칠도 드문드문 벗겨져 있고, 한쪽 지붕은 무너져 있었다. 집으로 들어가는 문은 건물 뒤편에 있었다.

엘리사이가 뒷문을 열고 들어서자 담 밑에 한 사나이가 누워 있었다. 수염도 나지 않은 얼굴은 여위었고, 윗옷자락은 소러시아 사람들이 그렇듯 바지 속으로 집어넣고 있었다. 이 사나이는 그늘을 찾아 이 자리에 누운 듯했지만, 지금은 강한 햇볕이 내리쬐고 있었다. 사나이는 누워만 있을 뿐 잠을 자고 있지도 않았다. 엘리사이는 목이 말랐으므로 물을 좀 마시고 싶다고 말했다. 하지만 그 사나이는 아무 대답도 하지 않았다.

엘리사이는 속으로 생각했다.

'병이 들었거나 아니면 꽤 무뚝뚝한 사내가 보군.'

엘리사이가 문 가까이 다가가는 순간 집 안에서 아기의 울음소리가

들렸다. 엘리사이는 문고리를 잡고 소리나게 흔들며 말했다.

"누구 계십니까? 아무도 안 계세요?"

그러나 안에서는 아무 소리도 들리지 않았다.

"실례합니다만, 아무도 안 계세요?"

엘리사이는 다시 한번 소리쳤다. 그러나 어디서고 사람의 인기척은 들리지 않았다.

엘리사이가 막 돌아서려는데 문 안에서 신음 소리가 들렸다.

"이상하군. 무슨 일이 생긴 걸까?"

엘리사이는 집 안으로 들어가 보기로 했다.

4

집으로 들어가는 문은 잠겨 있지 않았다. 집 안에 들어서니 방문이
열려 있었다. 방 오른쪽에는 난로가 놓여져 있었고, 정면에는 성상과 탁
자가 자리하고 있었다.

탁자 옆에 있는 의자에는 수건도 쓰지 않은 속옷 차림의 노파가 탁자
에 머리를 기댄 채 앉아 있었다. 노파의 옆에는 창백한 얼굴에 빼빼 마
르고 배만 튀어나온 사내아이가 할머니의 옷에 매달려 보채고 있었다.

방에 들어서는 순간, 고약한 악취 때문에 엘리사이는 숨이 막힐 것만
같았다. 한 여자가 옆으로 엎드린 채 고개를 돌리려 하지도 않고 가래
끓는 소리를 내며 다리를 폈다 오므렸다 하고 있었다. 고통스러운 듯

뒤척거리는 몸에서는 심한 악취가 풍겼다. 대소변도 가리지 못하는 그녀를 어느 누구도 돌보지 않는 듯했다. 노파는 갑자기 눈을 돌려 엘리사이를 쳐다보았다.

"누구세요? 무슨 일로 왔나요? 우리 집에는 아무것도 없답니다."

엘리사이는 노파의 곁으로 다가가 말했다.

"나는 단지 물을 좀 얻어 마시려고 들어왔습니다."

"아무것도 없어요, 아무것도. 물을 떠올 사람도 없어요. 당신 손으로 직접 떠먹는 수밖에."

"무슨 일입니까? 이 집에는 성한 사람이 아무도 없나요? 이 여자를 돌볼 사람도?"

"그래요, 아무도 없어요. 뒷문 쪽에서도 사람이 하나 쓰러진 채 죽어 가고 있고, 우리는 여기서……."

사내아이는 엘리사이를 보자 칭얼거리지 않고 조용히 있다가, 노파가 말하자 다시 보채기 시작했다.

"할머니 빵 줘! 빵!"

하더니 울음을 터뜨리기 시작했다.

엘리사이가 노파에게 다시 이것저것 물으려 할 때, 뒷문 밖에 누워 있던 사나이가 벽을 짚고 휘청거리며 방 안으로 들어왔다. 의자에 앉으려다 바닥에 쓰러져 버린 사나이는 일어나려고 하지도 않은 채 힘겹게 입을 열어 말했다. 매우 숨이 찬 듯 한마디 한마디를 띄엄띄엄 간신히 내뱉었다.

"전염병이 돌았어요. 게다가 흉년까지……. 저 어린것도 굶어 죽게 생겼으니……."

사나이는 턱으로 칭얼대는 아이를 가리키며 울먹이기 시작했다.

엘리사이는 짊어진 자루를 바닥에 내려놓았다가 다시 의자에 올려놓은 뒤 매듭을 풀기 시작했다. 그리고 자루에서 빵과 칼을 꺼낸 뒤, 빵을 한 조각 잘라 사나이에게 내밀었다. 그러나 사나이는 빵을 받으려 하지 않고 칭얼거리는 사내아이와 여자 쪽을 가리켰다. 그들에게 주라는 몸짓이었다.

엘리사이는 먼저 아이에게 빵을 주었다. 사내아이는 엘리사이의 손에서 빼앗듯이 빵을 움켜쥐고 코와 입에 처넣었다. 그러자 방구석 어딘가에서 여자아이가 기어나와 빵을 쳐다보고 있었다. 엘리사이는 그 아이에게도 빵을 한 조각 잘라 주었다. 그리고 노파에게도 잘라 주었다.

"물을 좀 떠다 주세요. 우리 모두 목이 말라요. 내 발로 걸어서 물을 뜨러 갔다가는 다시 이 곳으로 돌아오기도 전에 쓰러져 버릴 거예요. 누가 가져가지 않았다면 저기 어디에 물통이 있을 텐데."

엘리사이는 어디에 물이 있는지 물었다. 노파가 가르쳐 준 곳으로 가서 물통 가득 물을 담은 후 돌아와 가족들에게 물을 먹였다. 여자아이와 노파는 물을 마시며 빵을 먹었지만, 빼빼 마른 사내아이는 입 속으로 빵을 집어넣기에 바빴다. 사나이는 빵을 먹으려 하지 않았다. 뱃속에서 받아들이지 않는다고 했다. 그 사이에도 여자는 정신을 차리지 못한 채 침대 위에서 몸부림만 칠 뿐이었다.

엘리사이는 곧장 마을 상점을 찾아가 옥수수가루와 소금, 밀가루 등을 사 왔다. 그리고 도끼로 나무를 쪼개어 불을 피우고, 수프와 밀가루 죽을 만들어 가족들에게 먹였다. 여자아이가 엘리사이를 거들었다.

5

사나이와 노파도 죽을 먹었다. 사내아이와 여자아이는 그릇에 붙은 밀가루 자국마저 아까운 듯 깨끗이 핥아먹고 나자 서로 껴안은 채 잠이 들었다.

사나이는 자신들이 이 지경에 처하게 된 이유를 설명하기 시작했다.

"우리의 살림살이는 그렇게 넉넉한 편은 아니었어요. 그런데 지난해 흉년이 들었지요. 추수할 것이라고는 곡식 한 톨도 없었어요. 가을부터 이제까지 우리 식구는 그릇에 붙어 있던 곡식들까지 털어 겨우 목숨을 이었어요.

더 이상 먹을 것이 없어지자 우리는 이웃들과 친한 사람들의 도움을 받았지요. 하지만 처음에는 빌려 주기도 했던 사람들이 점차 거절하기 시작했어요. 어떤 사람은 주고 싶어도 줄 것이 없어 안타까워했지요. 또 우리들도 한두 번도 아니고 매번 손을 벌리기가 여간 민망한 게 아니었어요. 이 사람 저 사람에게 돈과 밀가루를 꾸어다 썼으니까요.

나는 일거리를 찾아 여기저기 돌아다녔지만 할 만한 일이 없었습니다. 어디를 가나 일거리를 찾으려는 사람들로 가득하니, 운 좋게 일을 구하여 하루 하고 나면, 다음 날은 또 일거리를 찾아 헤매 다녀야 했습니다. 할머니와 여자아이는 이웃 마을로 동냥을 나서기도 했지요. 하지만 모두가 넉넉한 살림이 아니니 먹을 만한 음식을 얻어 오지 못했습니다. 그래도 근근이 목숨만은 이어갈 수 있었어요.

어떻게든 햇보리가 나는 봄까지만 버티면 될 거라고 생각했는데, 막상 봄이 되자 그나마 동냥을 주던 집들도 없어졌습니다. 게다가 전염병까지 걸렸지요. 이렇게 형편이 어려워지자 이틀에 한 끼 정도밖에는 먹을 수 없었어요. 할 수 없이 우리 식구는 풀까지 캐다 먹게 되었지요. 그것을 먹고 탈이 났는지 아내가 병으로 쓰러져 앓아 눕게 됐지요. 나는 움직일 힘마저 없어서 이렇게 바닥에 누워만 있는 형편이랍니다."

그러자 곁에 있던 노파가 말을 이었다.

"나 혼자 이곳저곳을 돌아다니며 먹을 것을 구하는 형편인데 어디서 든 먹을 것이 나와야 말이죠. 너무 지치고 기력도 다 떨어져 이렇게 주저앉고 말았습니다. 손녀딸도 이제는 허약해질 대로 허약해진데다 가 겁을 먹고 심부름도 가지 않으려고 한답니다.

며칠 전에는 이웃집 여자가 우리 집에 왔다가 모두 굶주려 쓰러져 있 는 모습을 보고는 기겁을 하며 돌아가 버렸어요. 그 여자도 남편이 집을 나간 지 오래되었는데, 어린 아들하고 굶주리고 있는 형편이라 어찌할 수 없었을 테지요. 이제 우리 가족은 이렇게 하나님의 부르심 만을 기다리고 있답니다."

두 사람의 이야기를 듣고 난 엘리사이는 에핌을 뒤쫓아가는 것을 단 념하고 그 집에 머무르기로 했다.

다음 날 아침이 되자 엘리사이는 마치 이 집의 주인처럼 이 일 저 일 을 맡아 하기 시작했다. 노파와 둘이서 불을 피우는 한편, 밀가루를 반 죽하여 음식을 만들고, 여자아이와 함께 집 안 구석구석을 돌아다니며 값이 나갈 만한 물건을 찾아보았다. 그러나 집 안에 그런 물건은 아무 데도 없었다. 이미 먹을 것과 바꿔 버렸던 것이다. 일하는 데 쓸 만한 연장도, 입을 만한 옷도 없었다.

엘리사이는 먼저 집 안에 꼭 필요한 물건들부터 장만하기 시작했다. 손수 만들기도 하고, 밖에 나가 사 오기도 했다. 어느덧 하루가 가고 이 틀이 지나고 사흘이 흘렀다.

남자아이는 어느 새 기운을 차려 엘리사이를 도와 잔심부름도 하며 엘리사이의 말을 잘 따랐다. 여자아이는 명랑해져서 엘리사이가 하는 일이면 무엇이든 함께 하려고 했다. 그리고 엘리사이를 '아저씨, 아저 씨!' 하고 부르며 따라다녔다. 노파도 기운을 차려 일도 조금씩 거들고,

이웃집을 찾아가기도 했다. 주인 남자도 이제는 벽을 의지하여 조금씩 걸음을 옮길 정도가 되었다. 그러나 그의 아내는 아직도 침대에서 일어날 줄을 몰랐다. 그러나 엘리사이가 온 지 사흘째 되는 날 정신을 차리고 먹을 것을 달라고 말했다.

'아, 어느 새 여기 온 지 사흘이 흘렀군. 이렇게 오래 있을 생각은 아니었는데. 이제 그만 떠나야겠어.'

엘리사이는 이렇게 생각했다.

6

나흘째 되는 날은 축제 전날이었다. 엘리사이는 그 가족들과 함께 축제 전날을 보내고 축제 선물도 주었다. 그리고 저녁쯤에 떠날 결심을 했다.

엘리사이는 마을 가게에 들러 우유와 밀가루, 기름 등을 사서 노파와 함께 음식을 만들었다. 다음 날 아침에는 교회에서 예배를 보고 돌아와 그 집 가족들과 함께 준비해 놓은 음식을 먹었다. 주인 여자도 어느 새 일어나 조심스럽게 집 안을 걸어다녔다. 주인 남자는 면도를 하고 노파가 깨끗하게 빨아 준 옷을 입고 마을의 부자를 찾아갔다. 부자에게 보리밭과 풀밭을 저당잡혔기 때문에, 햇보리를 거둘 때까지 그 보리밭과 풀밭을 쓸 수 있게 해 달라고 청하러 간 것이다.

그러나 저녁이 되자 주인 남자는 힘없는 걸음걸이로 돌아왔다. 그리고 눈물을 흘렸다. 부자가 주인 남자의 부탁을 냉정히 거절하며 돈을 가져오면 빌려 주겠다고 한 것이다.

엘리사이는 곰곰이 생각에 잠겼다.

'이 집 사람들은 이제 어떻게 살아가야 한단 말이냐? 다른 사람들은 풀을 베기 위해 연장을 어깨에 메고 들판으로 나서는데, 이 식구들에게는 아무것도 거둘 것이 없으니. 밭은 부자의 손에 들어가 있으니 내가 떠나 버리면 이 사람들은 또 전과 같이 지내야 할 것이다.'

엘리사이는 이 생각 저 생각에 머릿속이 혼란스러웠다. 결국 그 날 저녁이 되어도 길을 떠나지 못하고 다음 날 아침으로 미뤄 버렸다. 바깥 마당에서 잠을 청하기로 한 엘리사이는 기도를 한 뒤 자리에 누웠지만 쉽게 잠들 수 없었다. 가지고 있던 돈은 어느 새 많이 써 버리고 날짜도 많이 흘러 이제는 에핌의 뒤를 쫓기 위해 떠나야만 했다. 그러나 가족들에 대한 걱정은 엘리사이가 길을 떠나는 것을 망설이게 했다.

부족함이 전혀 없도록 도와준다는 것은 불가능한 일이다. 처음에는 목말라하는 가족들에게 물을 떠다 주고, 굶주려 있는 아이들에게 빵이나 조금 잘라 줄 생각이었는데, 이렇게 오랫동안 지체하게 되다니. 그런데 이제는 이 가족들을 위해 보리밭과 풀밭을 찾아 주지 않으면 안 되는 것이다. 밭을 찾아 준 다음에는 아이들에게 우유를 먹일 수 있도록 젖소를 한 마리 사 주어야 하고, 주인 사나이에게는 농사를 짓고 물건을 운반할 말도 사 주어야 할 것이다.

'이봐, 엘리사이. 너는 여기에 아주 닻을 내린 모양이구나.'

엘리사이는 복잡한 머릿속을 시원하게 할 생각으로 베고 있던 긴 외투를 더듬어 담배를 꺼내 코담배를 씹었다. 그러나 아무리 생각해도 좋은 수가 쉽게 떠오르지 않았다. 다시 길은 떠나야 할 텐데, 이 집 사람들이 너무 가여웠다. 엘리사이는 다시 외투를 돌돌 말아 베개삼아 머리 밑에 베었다. 그러고 있는 사이 어느 새 닭이 울었다. 엘리사이는 그제야 깊은 잠에 빠졌다.

그 때 누군가 자기를 부르는 소리가 들리는 듯했다. 자세히 살펴보니 출발 준비를 다 마친 자기가 등에는 자루를 짊어지고, 지팡이를 든 채

막 문을 나서서 떠나려 하고 있었다. 문은 활짝 열려 있었기 때문에 걸어나가기만 하면 되는 것이다. 문을 막 나서려고 하는데, 자루가 걸렸다. 그것을 떼려는 순간 이번에는 저쪽 각반이 걸려 다 풀어지려 했다.

엘리사이는 각반이 울타리에 걸린 것이라 생각하고 그것을 빼려고 몸을 돌리며 보니 여자아이가 붙잡고 보채고 있었다.

'아저씨, 빵 좀 주세요.'

발을 내려다보니 남자아이도 각반을 움켜쥐고 있었다. 창문에는 어느새 노파와 주인 사내가 이쪽을 바라보고 있었다. 엘리사이는 겨우 잠에서 깬 뒤 혼잣말로 중얼거렸다.

"내일은 부자를 찾아가서 주인 남자의 보리밭과 풀밭을 달라고 부탁해 봐야겠다. 또 말 한 필과 햇보리가 날 때까지 먹을 밀가루, 그리고 아이들에게 우유를 먹일 수 있는 젖소도 사 주어야지. 그렇지 않으면 힘들게 바다를 건너 성지에 계신 예수를 만나 뵙게 된다고 해도 내 안에 있는 그리스도를 잃어버리고 말 거야. 어려운 사람을 돕는 것도 의미 있는 일이지."

이렇게 마음을 정하고 나자 엘리사이는 아침이 될 때까지 단잠에 빠질 수 있었다.

아침에 일어난 엘리사이는 곧 부자를 찾아가 보리밭과 풀밭을 다시 찾는 데 필요한 돈을 지불했다. 돌아오는 길에는 먹을 것을 구하기 위해, 낫까지 팔아 버린 가족들이 일을 할 수 있도록 새 낫을 사 가지고 왔다. 주인 남자를 풀밭으로 보내고 난 뒤 엘리사이는 다시 말과 수레를 사기 위해 농가를 돌아다녔다.

마침 술집 주인이 그것을 판다고 하자 값을 흥정하여 구입하고, 밀가루를 한 포대 사서 수레에 싣고, 곧바로 젖소를 사러 갔다. 젖소를 사러 가는 길에 소러시아 여인 두 사람의 뒤를 따라가게 되었다. 두 여인은 열심히 무슨 이야기인가를 주고받으며 길을 걸어갔다. 소러시아 말로 대화를 나누고 있었지만 엘리사이는 알아들을 수 있었다. 그 두 여인은 다름 아닌 엘리사이에 대해 이야기 나누고 있었다.

"처음에는 그저 순례자라고만 생각했대요. 물을 얻어 마시러 들렀는데 함께 지내게 된 거지요. 내 두 눈으로 똑똑히 본 건데요, 그 사람이 술집 주인에게서 말과 수레를 사더군요. 요즘 같은 세상에, 대체 어떤 사람이기에⋯⋯. 우리 그 집으로 구경갈까요?"

엘리사이는 두 여인이 자신을 칭찬하고 있음을 알고 다시 술집으로 돌아왔다. 그리고 말과 수레 값을 치르고 난 뒤 말에 수레를 채우고 밀가루를 실어 집으로 돌아왔다. 식구들은 말과 수레를 보자 깜짝 놀라 입을 벌린 채 서 있었다. 분명 자기들에게 주기 위해 산 것들이라는 것은 알 수 있었지만, 그것을 받기가 너무 미안했던 것이다.

"대체 이 말은 어디서 구하신 건가요?"

주인 남자가 물었다.

"마침 싸게 파는 사람이 있길래 샀어요. 말이 배불리 먹을 수 있을 만큼의 풀 좀 베어다 주면 좋겠는데. 이 수레를 좀 풀어 주겠소?"

주인 남자는 말을 풀어 구유에 매고 엘리사이가 사 온 밀가루 포대는 광에다 갖다 넣었다. 그리고 풀을 한아름 베어 구유에 넣어 주었다. 밤이 되자 모든 식구들은 각자 잠자리에 들었다. 엘리사이는 바깥 마당에서 자기로 했다. 이미 밤이 되기 전에 자기의 짐이 들어 있는 자루를 그곳에 내다 놓았던 것이다. 이윽고 식구들이 모두 잠들자, 엘리사이는 자루를 메고 나막신을 신고 긴 외투를 걸친 다음 에핌의 뒤를 쫓아 성지 순례의 길을 따라 나섰다.

7

엘리사이가 2킬로미터쯤 걸어가자 동쪽 하늘에서 해가 솟아올랐다. 엘리사이는 잠시 나무 아래 앉아 자루를 열어 돈을 꺼내 세어 보았다. 모두 17루블 20코페이카가 남아 있었다. 엘리사이는 생각했다.

'안 되겠어. 이 돈으로는 도저히 바다를 건너서 성지까지 가는 오랜 여행을 할 수 없어. 주님을 위한 순례길에 돈을 구하기 위해 사람들에게 동냥을 구하다가 죄라도 저지르면 큰일이지. 에핌이 성지까지 무사히 가서 내 몫의 촛불까지 밝혀 줄 거야. 아쉽지만 내 생전에 성지 순례는 못 할 것 같군. 하지만 주님께서는 모든 것을 아시는 분이니까 내 처지를 충분히 이해하고 용서해 주실 거야.'

엘리사이는 다시 자루를 짊어지고 왔던 길을 되돌아가기 시작했다. 그는 떠나온 마을 사람들의 눈에 띄지 않게 멀리 다른 길로 돌아서 갔다. 얼마 후 엘리사이는 다시 고향 집에 무사히 도착할 수 있었다. 성지를 향해 갈 때에는 몹시 지치고 힘이 들어 에핌을 따라가는 것만으로도 벅찼는데, 되돌아가는 길은 하나님께서 도와주시기라도 하는 듯이 아무리 걸어도 지치지 않았다. 산보를 하는 기분으로 지팡이를 흔들며 걸어도 하루에 25킬로미터 정도나 걸었던 것이다.

엘리사이가 집에 도착하니 가족들은 하루 일과를 마치고 모두 집 안에 모여 있었다. 그들은 엘리사이가 무사히 집에 돌아온 것을 보자 무척 환영하며 이것저것 물어 보기 시작했다. 성지 순례는 어땠는지, 함께 간 에핌과는 왜 떨어졌는지, 왜 성지까지 가지 않고 중간에 집으로 돌아왔는지 등 쉬지 않고 궁금한 것들을 물어 댔다. 엘리사이는 자세히 대답할 수 없었다.

"성지 순례는 주님의 뜻이 아니었던 모양이야. 난 길을 가는 도중에 여행비를 잃어버리고 말았어. 그래서 에핌 영감도 놓치고 말았지. 하지만 구걸하면서 길을 갈 수는 없더군. 아무래도 내가 신중하지 못해서 생긴 일들이니 나를 너무 책하지는 말게."

이렇게 말하며 남은 돈을 모두 아내에게 주었다.

엘리사이가 집안일에 대해 여러 가지를 물어 보니 모든 일은 아무 탈 없이 잘 진행이 되었고, 식구들도 서로 다투거나 하는 일 없이 화목하게 잘 지내고 있었다.

에핌의 가족들은 엘리사이가 돌아왔다는 소식을 전해 듣고 찾아와 에핌 노인의 안부를 물었다. 그들에게도 엘리사이는 똑같이 말했다.

"자네 집 노인 양반도 무사히 잘 가셨네. 나하고는 베드로 사도의 축제일 사흘 전에 헤어졌어. 나도 곧 에핌의 뒤를 쫓아가려 했는데 안타깝게도 그만 돈을 잃어버리고 말았지 뭔가. 그래 여행비가 부족할 듯해서 나는 집으로 되돌아왔다네."

엘리사이의 말을 들은 사람들은 모두 놀랐다. 평소에도 꼼꼼한 엘리사이가 성지 순례 도중에 돈을 잃어버리고 되돌아오다니. 그건 엘리사이답지 못한 행동이라고 모두들 생각했지만, 그 일은 차츰 잊어버리게 되었다. 엘리사이도 어느 새 그 일은 잊어버리고 가족들과 함께 다시 집안일을 시작했다.

아들과 함께 숲에 들어가 겨울을 지낼 나무를 마련하고, 여자 식구들과는 밀가루를 빻고, 곳간 지붕을 튼튼하게 새로 수리하고, 꿀벌들이 얼어 죽지 않고 겨울을 날 수 있도록 단도리를 하고, 약속대로 열 개의 꿀벌 통나무와 새끼벌들을 함께 이웃집에 넘겨 주었다. 엘리사이의 아내는 이미 팔아 버린 통나무에 깐 새끼벌을 속이려고 했지만, 엘리사이는 쓸모 없는 통과 새끼를 많이 깐 통이 어떤 것인지 훤히 알고 있었기 때문에 옆집에 열 일곱 통을 넘겨주었다.

가을 동안 해야 할 일이 모두 끝나자 엘리사이는 아들이 돈벌이를 할 수 있도록 밖으로 내보내고, 자기는 집안일을 하며 새 나막신을 만들기도 하고, 벌집으로 사용할 통나무도 파면서 겨울을 준비했다.

8

엘리사이가 병든 일가족을 돌보며 농가에 머무르던 날, 에핌은 하루 종일 엘리사이가 뒤쫓아오기를 기다렸다. 길가에 앉아 한참 동안 기다리던 에핌은 어느 새 피곤해져서 잠이 들고 말았다. 한참을 자고 다시 일어나 친구를 기다렸지만 친구의 모습이 나타날 기미는 보이지 않았다. 어느덧 해는 기울어 가고 있었다.

"내가 잠이 든 사이에 그냥 지나쳐 가 버린 건 아닐까? 다리가 아파서 지나가는 수레라도 얻어 타고 가다 나를 못 보고 그냥 지나쳐 버렸을지도 몰라. 하지만 못 보았을 리는 없는데……. 빈 들판 한가운데니까 다 보였을 텐데. 오던 길을 되돌아가면 도리어 엘리사이가 더 멀리 가 버려 길이 서로 어긋날지도 몰라. 그러니 나도 그냥 앞으로 가는 수밖에. 어디 여관에서라도 만날 수 있겠지."

해가 저물어 밤이 되자 다음 마을에 도착한 에핌은 '이런 생김새와 옷차림을 한 노인이 나타나거든 내가 묵고 있는 여관으로 좀 안내해 주기 바랍니다.' 라고 이장에게 부탁을 했다. 그러나 결국 엘리사이는 나타나지 않았다.

에핌은 다음 날 다시 길을 떠나며 만나는 사람마다 붙들고 이러이러한 대머리 노인을 보지 못했느냐고 물어 보았지만, 그런 노인을 보았다는 사람은 아무도 없었다.

에핌은 하는 수 없이 혼자서 성지 순례의 길을 계속 나아갔다.

'그렇지. 아마 오데사 근처나 배 안에서는 만날 수 있을 거야.'

에핌은 더 이상 엘리사이에 대한 생각은 하지 않기로 했다.

도중에 또 다른 순례자를 한 명 만나 동행이 되었다. 그 순례자는 평범한 승복과 승모를 쓰고 머리는 길게 기르고 있었다. 아포노에도 가본 적이 있다고 하며, 이번 예루살렘 성지 순례 길은 두 번째라고 말했다. 어느 여관에서 이 순례자를 만나 이것저것 여러 가지 이야기를 나누다 동행이 되었던 것이다.

오데사에 도착할 때까지 별다른 일은 일어나지 않았다. 두 사람은 밤낮 사흘 동안 배를 기다렸다. 세계 각지에서 몰려든 수많은 순례자들이 배를 기다리고 있었다. 그 곳에서 에핌은 다시 엘리사이에 대해 물어 보았지만, 아무도 엘리사이를 닮은 사람을 보았다는 사람은 없었다.

에핌은 5루블을 주고 외국 여행 증명을 받았다. 그리고 왕복 배삯으로 40루블을 지불한 다음, 가는 길에 먹을 빵과 청어 등을 샀다. 마침 승선 절차가 끝나 순례자들은 큰배로 갈아타게 되었다. 에핌과 동행자도 큰배에 올랐다. 드디어 닻이 올려지고 항구를 빠져 나간 배는 곧바로 대양으로 나갔다.

그 날의 항해는 매우 순조로웠다. 그러나 저녁 무렵이 되자 갑자기 바람이 거세게 불어오더니 비가 쏟아지기 시작했다. 배는 마구 요동을 치더니 바닷물이 배 안으로 넘어 들어와 갑판을 휩쓸었다. 손님들은 술렁거리기 시작했고, 어떤 여자들은 겁에 질린 나머지 큰 소리를 지르며 울음을 터뜨리는 사람도 있었다. 에핌도 겁이 났지만, 겉으로 드러내지는 않았다. 에핌은 담보프 사람들과 같이 선실에 앉아 있었는데, 앉은 자세 그대로 그날 밤과 다음 날 온종일을 지내야만 했다. 오직 자기 자루를 놓치지 않도록 꼭 쥔 채 한 마디 말도 없이 앉아 있었다.

사흘째가 되자 겨우 바람이 잔잔해지더니, 닷새째 되는 날 배는 콘스탄티노플에 도착했다. 배에서 내린 순례자들 중 몇몇은 지금은 터키령이 되어 버린 소피아 대사원을 구경하러 갔다. 그러나 에핌은 육지에 내리지 않고 흰 빵을 조금 사기만 했을 뿐, 배 안에 그대로 머물러 있었다. 그 곳에 정박한 배는 하루 밤 하루 낮 동안 머무른 뒤 다시 항해를 시작했다. 스미르나 항에 정박한 다음 알렉산드리아 항을 거쳐 드디어 야파 항에 도착했다.

야파에서는 순례자 모두가 배에서 내려 상륙했다. 이 곳에서부터 예루살렘까지는 걸어서 25킬로미터 정도의 길이었다. 배에서 육지에 내려설 때 사람들은 또 한 번 위험한 일을 겪어야 했다. 육지에 오르기 위해 사람들은 기선의 높은 갑판에서 아래의 작은 보트로 뛰어내려야 했는데, 보트가 파도에 계속 흔들려 자칫 잘못하다가는 바다에 떨어질 수도 있었기 때문이다. 두 사람이 바다로 빠져 물에 빠진 생쥐 꼴이 되었지만 대부분의 사람들은 무사히 상륙을 마쳤다. 그리하여 모두 도보로 길을 떠났다.

사흘째 되는 한낮에 예루살렘에 도착한 에핌과 순례자 일행은 변두리 한쪽의 러시아 인이 경영하는 여관에서 짐을 풀었다. 그리고 여행 증명서에 사인을 받은 다음 식사를 하고 동행자와 함께 구경을 떠났다.

가장 중요한 그리스도 관은 아직 구경하지 못한 채 에핌과 동행자는 먼저 대주교 수도원을 참배했다. 참배자들은 모두 안으로 안내되었다. 여자와 남자의 자리가 따로 구분되어 있었다. 신을 벗고 들어가 원을 그려 앉았다. 자리를 잡고 나자 한 승려가 수건을 들고 다가와 모든 순례자들의 발을 씻어 주기 시작했다. 발을 씻겨 준 뒤에는 입을 맞추는 모양이었다. 에핌의 발도 씻겨 주고 난 뒤 입을 맞추어 주었다.

에핌은 저녁 기도와 아침 기도를 드리며 예배하고, 초에 불을 밝혀

돌아가신 부모님에게 바쳤다. 그 때 성찬과 포도주가 나와서 먹었다. 날이 밝자 순례자들은 이집트의 마리아가 은거했다는 암실로 들어가 촛불을 켜고 기도드렸다.

그 곳을 나와 다음 순례지인 샤베크의 동산을 답사했다. 샤베크의 동산은 아브라함이 하나님을 위해 아들 이삭을 칼로 죽이려 한 곳이다. 다음으로 막달라 마리아에게 예수께서 모습을 나타내신 성지를 둘러보고 주님의 형 야곱의 교회도 답사했다. 순례자들은 한 곳 한 곳 안내된 곳마다 얼마의 성금을 내야 했다. 정오가 되어 숙소에 돌아온 일행은 식사를 했다.

날이 저물어 잠자리에 들 무렵 에핌과 동행하는 순례자는 갑자기 소리를 치며 자기 옷을 이리저리 뒤지기 시작했다.

"앗! 이런, 돈지갑을 도둑맞았어요. 23루블이나 들어 있는데……."

순례자는 화가 나 어쩔 줄 몰라했다. 그러나 하는 수 없었다. 모두들 잠자리에 들었다.

9

동행자와 함께 잠자리에 든 에핌은 문득 그가 의심스러워졌다.

'저 사람은 분명히 돈을 도둑맞은 것이 아닐 거야. 처음부터 돈이 없었던 게 틀림없어. 어디에 가든 성금을 한 푼도 내지 않았으니까. 게다가 내게만 내라고 하면서 자기는 내지 않았어. 더구나 나한테서 1루블까지 빌려 가지 않았나.'

그러나 곧 에핌은 다른 사람을 의심하는 자기 자신을 꾸짖었다.

'공연히 남을 의심하다니. 남을 의심하는 것은 죄악이야. 이런 부질없는 생각 따위는 그만 두어야지.'

마음을 가라앉히고 잠을 청하려고 했지만, 순례자가 돈에만 신경 쓰던 것과 지갑을 도둑맞았다고 떠들던 모습이 다시 떠올랐다.

'그에게는 정말 돈이 없었던 거야. 다른 사람을 속이려고 연극을 꾸미는 게 분명해.'

저녁때 일행은 부활 대사원에서 거행되는 기도식에 참배하러 갔다. 그 곳은 그리스도의 관이 있는 곳이었다. 에핌의 동행자는 에핌의 곁을 떠나지 않고 언제나 따라다녔다.

대사원에 도착했다. 에핌과 같은 러시아 인뿐만 아니라 그리스 인, 아르메니아 인, 터키 인, 시리아 인 등 세계 각지에서 몰려든 순례자들이 참배하고 있었다. 에핌도 다른 순례자와 함께 성문 안으로 들어갔다. 한 신부가 이들을 안내했다.

터키 인이 지키고 있는 곳을 지나, 십자가에서 예수를 내린 뒤 향유를 발랐다고 전해지는 아홉 개의 큰 촛대가 불을 밝히고 있는 곳으로 안내되었다. 신부는 하나하나 자세히 설명하며 보여 주었다. 에핌은 그 곳에서도 촛불에 불을 밝히고 기도드렸다. 다음으로 안내하는 신부는 오른쪽 층계를 올라가 십자가가 세워졌다는 골고다로 에핌을 안내했다. 에핌은 그 곳에서도 잠시 기도를 드렸다.

그리고 에핌은 땅이 갈라진 곳, 그리스도 손에 못이 박혀졌다는 곳, 그리스도의 피가 아담의 뼈에 뿌려졌다는 아담의 관 등을 차례차례 둘러보았다. 그리고 그리스도가 가시관을 쓸 때 걸터앉았던 돌과, 그리스도가 채찍을 맞을 때 묶였던 기둥도 보았다. 또한 그리스도의 발에 채워졌던 두 개의 구멍 뚫린 돌도 둘러보았다. 안내하는 신부는 그 밖의 다른 것을 좀더 보여주려 했지만, 다른 순례자들이 길을 재촉했기 때문에 그리스도의 관이 있는 동굴 쪽으로 곧장 이동했다.

그 곳에서는 다른 종파의 의식이 막 끝나고 러시아 정교의 기도식이 거행되고 있었다. 에핌은 여러 사람들과 동굴 쪽으로 갔다. 에핌은 마음속에 자꾸 의심이 일어났기 때문에 동행한 순례자와 떨어져 다니려고 노력했다.

그러나 동행한 순례자는 에핌의 곁을 떠나지 않고 그리스도의 관 앞에서 거행되는 기도식에도 함께 참석했다. 에핌과 동행자는 가능한 한 관 가까이에 서기를 바랐지만, 이미 수많은 군중들이 많이 모여 있어 앞으로 갈 수도, 뒤로 물러설 수도 없었다. 에핌은 조용히 앞을 바라보며 기도를 드리는 중에도 때때로 돈지갑을 더듬어 보며 확인했다.

에핌의 생각은 두 갈래로 갈라져 있었다. 하나는 동행한 순례자가 자기를 속이고 있다는 의심이 드는 것과, 또 다른 하나는 만약 에핌 자신이 진짜 도둑을 맞게 된다면 자기가 순례자에게 하는 것과 같은 의심을 받지 말아야겠다는 것이었다.

10

에핌은 주님의 관이 놓인 교회당 앞쪽에서 타고 있는 76개의 성화를 바라보며 기도를 드렸다. 사람들의 머리 너머로 타오르는 성화를 바라보고 있자니 너무나 감격스러웠다. 그 때 성화대 바로 아래 자리에 싸구려 작업복을 입고 외투를 걸친 작달막한 농부가 보였다. 훌렁 벗겨진 대머리는 친구 엘리사이의 모습과 비슷했다.

'엘리사이인가? 아니야, 그럴 리가 없어. 그가 나보다 먼저 도착할 리가 없지. 내가 탄 배의 다음 배는 일주일 전에 출발했으니, 저 친구가 나보다 여기 먼저 도착할 수는 없어. 그리고 내가 탄 배에도 엘리사이는 없었어. 나는 순례자들을 한 사람 한 사람 꼼꼼히 살펴봤으니까.'

에핌이 이렇게 생각하고 있는 동안에도 그 작달막한 체구의 노인은 기도를 올리고, 한 번은 정면의 신께, 다음에는 좌우에 있는 러시아 정교 신도들에게 각각 절했다. 노인이 오른쪽으로 고개를 돌렸을 때, 에핌은 뚜렷하게 그 얼굴을 볼 수 있었다. 역시 엘리사이가 틀림없었다. 거무스레한 얼굴, 희끗희끗하면서 곱슬곱슬한 구레나룻 수염, 게다가 눈썹과 코의 모습은 친구 엘리사이가 분명했다. 엘리사이를 찾다니. 에핌은 뛸 듯이 기뻤다. 그러나 한편으로는 어떻게 엘리사이가 자기보다 이곳에 먼저 도착할 수 있었는지 너무 궁금했다.

'저 친구가 어떻게 저 앞에까지 갈 수 있었을까? 아마 이 곳을 잘 아는 사람을 만나서 도움을 받은 거겠지. 출구에서 기다리고 있다가 엘리사이 노인을 만나서 같이 다녀야겠다. 그럼 저 승려복의 순례자도 따돌릴 수 있겠지. 엘리사이와 같이 다니면 나도 언제나 앞자리에 설 수 있을 거야.'

다시 엘리사이를 놓치기라도 하면 큰 일이라는 생각에 에핌은 줄곧 엘리사이가 있는 곳에서 눈길을 떼지 않았다.

이윽고 기도식이 끝나자 군중들이 술렁거렸다. 곧 십자가에의 입맞춤이 시작되었다. 사람들이 서로 밀고 당기는 바람에 에핌은 옆으로 떠밀려 버렸다. 그 때 갑자기 지갑을 도둑맞을지도 모른다는 생각이 들었다. 에핌은 한 손으로 지갑이 들어 있는 주머니를 잡고 덜 혼잡한 곳으로 자리를 옮기기 위해 사람들을 헤치고 나갔다. 겨우 덜 복잡한 곳으로 빠져 나온 뒤 엘리사이가 서 있던 곳을 열심히 찾아다니기 시작했다.

대사원 안 구석구석의 암실마다 각 나라에서 온 수많은 사람들을 볼 수 있었다. 그 곳에서 사람들은 준비한 음식과 마실 것을 먹기도 했고, 조용히 책을 읽기도 했다. 그러나 엘리사이의 모습은 어디에서도 보이지 않았다. 에핌은 숙소로 돌아갔지만, 그 곳에도 엘리사이는 없었다.

동행한 순례자는 에핌에게 빌려 간 1루블도 갚지 않은 채 어디론가 자취를 감춘 듯 그날 밤 돌아오지 않았다. 에핌은 완전히 혼자가 되었다.

이튿날 아침이 되자 에핌은 담보프에서 온 노인과 함께 다시 그리스도 관을 참배하러 갔다. 에핌은 될 수 있으면 앞쪽에 자리를 잡으려고 애썼지만 이번에도 사람들에게 떠밀려 기둥 옆에 남아 기도를 드릴 수밖에 없었다. 문득 앞을 바라보니 성화대 제일 아래의 그리스도 관 옆에 엘리사이가 서 있었다. 대머리에 밝은 빛을 받으며 승려처럼 두 팔을 펴고 있었다.

'이번에는 절대 놓치지 말아야지.'

에핌은 사람들 틈을 헤치고 앞쪽으로 나갔다. 간신히 제단 앞에까지 가서 엘리사이를 찾았지만 그의 모습은 보이지 않았다. 아마 앞으로 나가는 동안에 벌써 돌아간 모양이었다. 사흘째 날이 되자, 또 그리스도 관 옆에 앉아 있는 엘리사이의 모습이 보였다. 눈에 잘 띄는 특별석에서 두 팔을 벌리고 고개를 들어 위를 우러러보고 있었다. 이번에도 훌렁 벗겨진 대머리 위에 빛을 받고 있었다.

'이번에야말로 절대 놓치지 않겠다. 빨리 출구로 가서 엘리사이가 나오기를 기다려야지. 거기라면 절대 놓치지 않을 거야.'

에핌은 밖으로 나가는 출구에서 한없이 서서 엘리사이가 나오기만을 기다렸다. 그러나 반나절 동안을 서 있었지만 빠져 나가는 군중들 속에 엘리사이의 모습은 없었다.

에핌은 6주간 예루살렘에 머물며 베들레헴, 베다니, 요단 강, 그 밖의 여러 곳을 둘러보았다. 그리고 그리스도 관 옆에서 수의로 입을 수 있도록 새 옷에 도장을 받기도 하고, 요단 강 물을 작은 물병에 담기도 했다. 또한 예루살렘의 흙을 싸고, 성화가 타고 있던 초를 얻기도 하고,

여덟 군데서 영세 공양에 이름을 써 넣었다.

　이렇게 하는 동안 어느 새 가지고 있던 돈을 다 써 버려, 겨우 집에 돌아갈 여비만 남게 되었다. 그 곳에서 에핌은 다시 고향 마을로 돌아가는 길을 떠나기 시작했다. 야파에 도착한 뒤에는 배를 타고 오데사까지 간 뒤, 그 이후로는 걸어서 집을 향해 갔다.

11

　에핌은 혼자 길을 걸으며 집으로 돌아가고 있었다. 집이 가까워질수록 자기가 집을 비운 사이 가족들은 잘 지냈을지 등 이런저런 걱정거리가 고개를 들기 시작했다.

　'1년이란 세월이 흘렀으니 가족들도 많이 변했을 거야. 살림살이를 넉넉하게 꾸리는 것은 평생 동안 해야 하는 일이지만, 재물을 없애 버리는 건 한순간인데. 아들녀석은 내가 없는 동안 집안일을 잘 처리했을까? 봄에 농사짓는 일은……. 겨울은 별탈 없이 무사히 넘겼을까? 새로 짓는 집 공사는 내가 이른 대로 잘 완공이 되었을까?'

　어느덧 에핌은 지난해에 엘리사이와 헤어졌던 마을 근처에 이르렀다. 그러나 지난해와는 달리 마을 사람들은 달라져 있었다. 그 때만 해도 먹을 것이 없어 어려움을 겪고 있었지만, 지금은 모두가 부족함이 없는 생활을 하는 듯이 보였다. 들에 곡식도 풍성했고, 예전의 어려웠던 시절은 잊은 채 열심히 살아가고 있었다. 해질 무렵에는 엘리사이가 물을 마시러 들렀던 마을에 당도했다. 마을에 들어서자 어느 집에서 하얀 옷을 입은 소녀가 뛰어나오며 소리쳤다.

　"아저씨, 아저씨. 저희 집에서 머물다 가세요."

　에핌은 그냥 지나치려고 했다. 그러나 소녀는 에핌의 옷자락을 붙잡고 미소를 지으며 자기 집 쪽으로 끌고 갔다.

"아저씨, 잠깐 쉬었다 가세요. 저녁도 잡수시고요. 천천히 가도 되는 길이면 하룻밤 주무시고 가도 돼요."

에핌은 집 안으로 들어섰다.

'기왕 이렇게 된 김에 엘리사이 일이나 물어 봐야겠다. 엘리사이가 물을 마시려고 들어간 집이 이쯤 될 것 같은데.'

에핌이 방 안으로 들어가자 주인 여자가 나와 에핌의 자루를 받아 주고, 손발을 씻을 물까지 떠다 주며 테이블로 안내했다. 곧이어 우유와 보리를 반죽하여 만든 빵과 따뜻한 죽 한 그릇을 차려 주었다. 에핌은 거듭 감사의 말을 건네며, 나그네를 위해 이렇게 배려해 주는 가족들의 고운 마음씨를 칭찬했다. 그러자 여자는 고개를 저으며 말했다.

"저희는 순례하시는 분들을 대접하지 않을 수 없어요. 작년 이맘때쯤 한 순례자 분께서 저희에게 이 세상이 어떤 곳인가를 깨달을 수 있도록 해 주셨어요. 이전에 저희들은 하나님을 버리고 저희들 뜻대로 살아갔지요. 결국 저희는 하나님의 벌을 받게 되었어요. 가족들 모두가 돌림병에 걸리고 먹을 것은 아무것도 없었답니다. 저희 가족들은 아무 희망도 없이 죽는 날만을 기다리고 있었어요.

그 때 하나님께서 저희들을 구하시려고 아저씨와 비슷한 분을 보내 주셨어요. 그 분은 햇볕이 뜨겁게 내리쬐는 한낮에 목이 말라 물을 얻으려 저희 집에 들르게 되셨지요. 하지만 저희들의 처지를 보고 가엾게 여기시어 저희를 돌보기 위해 며칠 동안 머무르셨어요. 병들고 굶주려 움직일 힘조차 없는 저희들에게 물을 떠다 먹이고, 빵을 잘라 주셨지요. 이윽고 저희는 기운을 차리고 다시 일어날 수 있었답니다. 게다가 보리밭과 풀밭을 다시 찾아 주시고, 농사를 지을 수 있는 수레와 말을 사 주신 뒤 어느 날 훌쩍 떠나 버리셨어요."

그 때 한 노파가 들어오더니 여자의 말을 이었다.

"저희는 아직도 그 분이 사람인지 천사인지 잘 모르겠어요. 온 식구들을 정성껏 돌봐 주시고는 아무 말도 없이 사라져 버렸으니까요. 도대체 누구를 위해 하나님께 기도드려야 할지…….

지금도 그분의 모습이 눈에 선해요. 나는 바닥에 누운 채 그저 하나님의 부르심만을 기다리고 있었는데, 문득 고개를 들어 보니 한 대머리 노인이 물을 마시러 들어오더군요. 그런데 나는 그저 웬 낯선 사람이 남의 집에 들어와서 어슬렁거릴까 하는 생각만 했답니다. 그런데 그 노인이 고맙게도 저희에게 아까 말씀드린 것과 같은 은혜를 베풀어 주셨어요. 저희들의 모습을 보시고는 말없이 등에 짊어졌던 자루를 내리더니 끈을 풀었어요."

그 때 옆에 있던 소녀가 한마디 거들었다.

"처음에는 바닥에 내려놓았다가 다시 의자 위에 올려놓았어요."

이렇게 가족들은 돌아가며 그 노인에 대한 일을 자세히 이야기해 주었다. 어디에 앉았는지, 어디에서 잤는지, 무엇을 하고 누구와 말을 했는지 등, 그 노인에 관한 이야기는 밤이 늦도록 끝나지 않았다.

이윽고 말을 타고 돌아온 주인 남자도 그 노인에 대한 말을 꺼내고 자기 가족들을 어떻게 돌봐 주었는지를 이야기했다.

"그 때 그분이 나타나지 않았다면 저희는 모두 죄를 지은 채 죽어 버렸을 거예요. 저희는 그저 하나님과 인간을 원망하며 죽는 날만을 기다리고 있었으니까요. 하지만 그분이 오셔서 저희들을 살려 주셨을 때 비로소 하나님의 은혜를 깨닫고, 선량한 사람이 있음을 믿게 되었지요. 하늘에 계신 주여, 바라건대 그분을 지켜 주소서! 전에는 짐승과 다름없는 생활을 하며 살았는데, 그분이 우리를 참다운 인간으로 이끌어 주셨으니까요."

모두들 에핌에게 마실 것과 먹을 것을 대접하고 잠자리를 마련해 준 뒤 잠들었다.

에핌은 자리에 누웠지만 쉽게 잠이 오지 않았다. 엘리사이의 일, 예루살렘에서 세 번이나 엘리사이가 특별석에 서 있던 모습 등이 머리에서 떠나지 않았다.

'그렇구나. 그 노인은 나를 앞질러 갔던 거야. 내가 하나님께 드린 정성을 하나님께서 받아들이셨는지 잘 모르겠지만, 엘리사이는 하나님께서 흡족하게 여기시며 받아들이신 거야.'

날이 밝자, 가족들은 에핌과 아쉬운 작별을 나누며 가는 길에 먹을 빵을 자루 속에 넣어 준 뒤 일을 하러 들로 나갔다. 에핌은 다시 집을 향해 길을 떠났다.

12

에핌은 근 1년간의 여행을 마치고 봄이 될 무렵 고향에 도착했다.

집에 도착한 것은 저녁때쯤이었다. 아들은 술을 마시러 주막에 가서 집에 없었다. 아들이 술에 취해 들어오자 에핌은 그 동안의 집안일을 이것저것 물어 보았다. 자기가 집을 떠나 있는 동안 아들은 마구 돈을 낭비한 모양이었다. 에핌이 꾸짖자 아들은 말대꾸를 하며 대들었다.

"아버지께서 집에 계셨으면 됐을 거 아니에요? 아버지께서는 성지 순례를 하신답시고 많은 돈을 길 위에 뿌리고 오셨으면서 제가 좀 쓴 걸 가지고 뭘 그렇게 못마땅해하세요?"

에핌은 너무 화가 나서 아들을 때려 주었다.

다음 날 아침에 에핌은 아들 문제를 상의하기 위해 이장을 만나러 가는 길에 엘리사이의 집 앞을 지나게 되었다. 그 때 엘리사이의 아내가 문 앞에 서서 인사를 했다.

"안녕하세요, 에핌 영감님? 무사히 잘 다녀오셨군요."

에핌은 걸음을 멈추고 인사를 했다.

"아, 모두 염려해 주신 덕분에 이렇게 잘 다녀왔습니다. 길을 가던 중에 엘리사이 영감과는 헤어졌어요. 저보다 먼저 돌아왔다고요?"

엘리사이의 아내는 에핌에게 이런저런 이야기를 늘어놓았다.

"저희 영감님은 벌써 돌아오셨지요. 성모 승천제가 지난 뒤 얼마 안 되어서 돌아오셨어요. 하나님께서 보살펴 주셔서 무사히 돌아왔지요. 온 가족들이 그분을 보고 얼마나 기뻐했는지 몰라요. 집 안에서 그분의 모습이 보이지 않으면 식구들이 모두 허전해하거든요.

이제는 나이가 많이 들어서 큰일은 못하지만, 그래도 집안의 가장이니까 식구들이 모두 의지하는 거지요. 특히 우리 아들이 반가워서 어쩔 줄 몰라하더군요. 아버지가 안 계셔서 너무 쓸쓸했다고 하면서 말이에요. 그이가 며칠이라도 집을 비우면 집 안이 정말 허전하지요. 우리는 모두 영감을 소중하게 생각한답니다."

"그래 엘리사이는 지금 집에 있나요?"

"아, 물론 계시고말고요. 벌집에서 새끼벌들을 가려 내고 있어요. 금년에는 새끼벌들이 너무 좋은 녀석들이라나요. 그렇게 튼튼한 벌은 우리 영감 일생에 처음 본다고 하더군요. 모두 주님의 은총이라며 감사를 드린답니다. 우리가 죄짓지 않고 살려고 노력하니까 하나님께서도 복을 내려 주셨나 봐요. 어서 들어가서 우리 영감하고 인사 나누세요. 에핌 영감님을 보면 우리 영감님도 정말 반가워할 거예요."

에핌은 복도를 지나서 뒷문으로 나갔다. 벌집 옆에 있는 엘리사이를 보고는 곁으로 다가갔다. 엘리사이는 머리에 망을 쓰지도 않고, 장갑도

끼지 않은 채 회색의 긴 외투를 입고 자작나무 아래 서서 두 팔을 벌린 채 하늘을 쳐다보고 있었다. 엘리사이의 머리 위는 예루살렘의 그리스도 관 옆에서처럼 밝게 빛나고 있었다. 엘리사이의 대머리 위에서 마치 둥근 테가 불타오르고 있는 것 같았다. 그 주위로 금빛 꿀벌들이 관 모양을 이루며 떼를 지어 날아다녔다. 그러나 한 마리도 엘리사이를 쏘려고 하지 않았다.

그 때 엘리사이의 아내가 남편을 불렀다.

"여보, 에핌 영감님이 오셨어요."

이 말을 들은 엘리사이는 돌아서서 에핌을 보자 반갑게 달려오며, 수염에 달라붙은 꿀벌을 떼어 냈다.

"어서 오게, 에핌. 성지는 잘 다녀왔나?"

"그저 몸만 갔다 왔어. 자네에게 주려고 요단 강 물을 담아 왔네. 우리 집에 오면 내가 꺼내 주지. 그보다 하나님께서 내가 드린 정성을 받아들이셨는지 잘 모르겠어."

"아, 그나저나 축하할 일일세. 하나님의 은혜가 자네에게 있기를!"

에핌은 잠시 동안 말없이 있다가 입을 열어 말했다.

"몸은 다녀왔지만, 영혼은 어떤지 알 수가 없군. 정작 다른 사람이 다녀왔는지도 몰라."

"모든 일이 다 하나님의 뜻 아닌가? 에핌, 모든 게 다 하나님의 뜻이라네. 그렇지 않은가?"

"참, 돌아오는 길에 자네가 물을 얻어 마시려고 들어갔던 집에서 하룻밤을 묵었네."

엘리사이는 손을 저으며 말했다.

"세상 모든 일이 다 하나님의 뜻이야. 에핌. 하나님의 뜻이고말고. 자, 이제 안으로 들어가세. 난 꿀을 좀 가지고 들어가겠네."

엘리사이는 에핌의 이야기를 중단시키고 집안일에 대한 이야기를 이 것저것 물어 보았다. 에핌은 긴 한숨을 내쉬며, 병들었던 식구들의 이야기와 예루살렘에서 돌아보았던 이야기 등은 꺼내지 않았다. 에핌은 다음과 같은 것을 깨달았던 것이다.

'세상의 모든 사람은 각자 이 세상을 떠나는 날까지 자기가 맡은 일을 사랑과 선행으로 다하지 않으면 안 된다. 그것이야말로 진정한 하나님의 분부이시다.'

사랑이 있는 곳에 신이 있다

　어느 거리에 마르틴 아부제이치라는 구두장이가 살고 있었다. 그가 사는 작은 방은 창문이 하나밖에 없는 지하실이었다. 창은 큰길 쪽으로 나 있어서 사람들이 분주히 오가는 것이 보였다. 사람들의 발밖에는 보이지 않았지만, 마르틴은 구두만 보아도 누구인지 알아 냈다.

　마르틴은 한 군데에서 오래 살았기 때문에 주위에 아는 사람이 많았다. 이 거리에 사는 사람치고 구두를 고치기 위해 마르틴의 신세를 한두 번 지지 않은 사람은 거의 없었다. 구두창을 갈거나, 터진 데를 다시 기우거나, 둘레를 꿰맨 것도 있었다. 그래서 가끔 자기가 수선해 준 구두를 보게 되는 경우도 있었다.

　또 일감도 많이 들어왔다. 마르틴은 언제나 재료는 좋은 것을 사용하고, 가격도 싼데다가 약속 날짜도 꼬박꼬박 지켰다. 그리고 손님에게 늘 친절하게 대했다. 이러한 마르틴의 성품을 잘 알았기 때문에 일감이 언제나 끊임없이 들어왔던 것이다.

　마르틴 아부제비치는 원래 착한 성품이었는데, 나이가 들면서부터는 더욱 신께 다가가는 생활을 하려고 노력했다. 마르틴의 아내는 마르틴이 아직 주인 밑에서 조수로 일하고 있을 때 세상을 떠났다.

　그에게는 세 살 난 어린 아들이 하나 있을 뿐이었다. 어찌 된 일인지 위의 큰 아이들은 모두 죽어 버린 것이다. 아내가 죽은 뒤 마르틴은 어린 아들을 시골에 계시는 누님에게 맡기려 했다. 그러나 어머니도 없는 어린 카피토시카를 다른 사람에게 맡기려니 측은한 생각이 들었다. 그래서 가엾은 카피토시카를 아버지 곁에서 자랄 수 있게 하기로 마음먹었다.

마르틴은 주인 밑에서 나와 아이와 단둘이 셋방살이를 했다. 그런데 이게 무슨 운명의 장난이란 말인가? 어린 카피토시카가 제법 자라서 아버지의 심부름을 할 만한 나이가 되자, 병으로 앓아 눕더니 일주일 가량 고열로 고통스러워하다 끝내 눈을 감고 말았다.

아들의 장례를 마치고 난 마르틴은 완전히 실의에 빠지고 말았다. 그런 나머지 신을 원망하게 되었다.

너무나 비참한 마음에 마르틴은 차라리 자기를 데려가 달라고 신께 기도드린 적도 한두 번이 아니었다. 그리고 늙은 자기보다 어리고 하나밖에 없는 아들을 데려가신 하나님께 원망의 말을 늘어놓았다. 마르틴은 더 이상 교회에도 나가지 않게 되었다.

그렇게 실의에 빠진 나날을 보내던 어느 날, 마르틴의 고향인 트로이츠아에서 한 노인이 마르틴을 찾아왔다. 이 사람은 벌써 8년째나 성지 순례를 하고 있는 중이었다. 마르틴은 이 노인과 세상 이야기를 주고받다가 자신의 처량한 신세에 대한 한탄을 늘어놓기 시작했다.

"이봐요, 영감님. 저는 산다는 것이 너무 싫어졌어요. 그저 죽고 싶은 마음뿐입니다. 오직 내 목숨을 거두어 달라고 그 한가지만을 하나님께 빌고 있지요. 이젠 아무 소망도 없는 인간이 되어 버렸으니⋯⋯."

그러자 노인이 말했다.

"마르틴, 그것은 자네가 잘못 생각하는 것일세. 우리는 하나님께서 하시는 일에 대해 옳다 그르다 말할 수 없어. 무슨 일이나 우리의 지혜로써가 아니라 하나님의 뜻에 따라 결정되는 것이니까. 자네 아들은 죽고 자네는 살아야 한다는 것은 하나님께서 결정하신 일이라네. 그것에 낙심해서 하나님을 원망하고 죽기만을 바라는 것은 자네가 자신의 즐거움만을 위해 살려 하기 때문이야."

"그럼 무엇 때문에 산다는 건가요?"

그러자 노인은 이렇게 말했다.

"하나님을 위해 살아야 해, 마르틴. 하나님께서 주신 생명이니까 하나님을 위해 사는 것이 도리 아닌가? 하나님을 위해 산다면 아무 걱정 없고, 모든 일이 마음 편안하게 생각되네."

마르틴은 잠시 조용히 있다가 다시 입을 열었다.

"하나님을 위해 살다니 도대체 어떻게 하는 건가요?"

그러자 노인이 대답했다.

"하나님을 위해 어떻게 살아야 하는지는 그리스도께서 이미 가르쳐 주셨네. 자네, 글 읽을 줄 알지? 성경을 사서 읽어 보게. 그러면 하나님을 위해 산다는 일이 어떤 것인지 알게 될 거야. 거기에는 무엇이든 다 적혀 있으니까."

이 말이 마르틴의 마음을 움직여 그 즉시 마르틴은 커다란 활자로 된 신약성서를 사다가 읽기 시작했다.

처음에는 일요일이나 축제일에만 읽을 생각이었으나, 한번 읽기 시작하자 성서 속에 완전히 끌려들어가 날마다 읽게 되었다. 너무 열심히 성경의 내용에 골몰해 읽다가 램프의 기름이 다 닳는 줄도 모르는 때도 있었다. 마르틴은 책에서 눈을 떼지 못할 정도였다. 이렇게 하여 마르틴은 날마다 성경책을 읽게 되었다.

읽으면 읽을수록 하나님께서 무엇을 말씀하시는지, 하나님을 위해 산다는 것이 어떤 것인지를 분명히 알 수 있게 되자, 마음은 점점 안정되고 가벼워지는 것이었다. 전에는 잠자리에 누워도 한숨을 내쉬며 어린 카피토시카의 일만 생각하고는 했는데, 지금은 오로지 '하나님이시여!' 하는 기도만을 드릴 뿐이었다.

그런 뒤로부터 마르틴의 생활은 완전히 달라졌다. 전에는 축제일 같은 때면 하릴없이 놀러만 다니고, 음식점에 들어가 차나 술을 마시기도 했다. 친구들과 어울려 술을 한잔 마시고 나면 별로 취하지 않았는데도 괜히 술주정을 부리거나 큰 소리를 치며 시비를 걸기도 했다. 그러나 이제 그런 일은 전혀 없어졌다. 조용하고 침착한 가운데 보람 있는 날들을 보냈다.

아침부터 정한 시간까지 작업을 마치고 나면 램프를 걸쇠에서 벗겨 테이블 위에 놓고 벽장에서 성경을 꺼내어 조용히 앉아 읽기 시작하는 것이었다. 성경을 읽으면 읽을수록 깊은 뜻을 알게 되어 새로운 기쁨이 솟아나며 즐거워졌다.

여느 때처럼 마르틴은 그 날도 밤 늦게까지 열심히 성경을 읽고 있었다. 마침 누가복음을 읽고 있었는데, 제6장 29절부터 31절에 걸쳐 이런 말이 적혀 있었다.

'이 뺨을 치는 자에게 저 뺨도 돌려 대며, 네 겉옷을 빼앗는 자에게 속옷도 금하지 말라. 무릇 네 것을 구하는 자에게 주며, 네 것을 가져가는 자에게 다시 달라지 말며, 남에게 대접을 받고자 하는 대로 너희도 남을 대접하라.'

그리고 나서 46절을 읽었는데 거기에는 이렇게 씌어 있었다.

'너희는 나를 불러 주여! 주여! 하면서도 어찌하여 말하는 것을 행하지 아니하느냐. 내게 나와 내 말을 듣고 행하는 자마다 누구와 같은 것을 너희에게 보이리라. 집을 짓되 깊이 파고 주추를 반석 위에 놓은 사람과 같으니, 큰물이 나서 탁류가 그 집에 부딪치되 잘 지은 연고로 능히 요동하게 못하였거니와, 듣고 행치 아니하는 자는 주추 없

이 흙 위에 집 지은 사람과 같으니 탁류가 부딪치매 집이 곧 무너져 파괴됨이 심하리라.'

이 말을 읽고 나자 마르틴은 마음속에 더없이 큰 기쁨을 느꼈다. 그리고 안경을 벗어 책 위에 놓고 테이블 위에 팔꿈치를 괴고 곰곰이 생각해 보았다. 이제까지 해 온 많은 일들을 이 말씀에 견주어 생각하는 것이었다.

'내 집은 어떤가? 반석 위에 세운 집인가, 모래 위에 세운 집인가? 반석 위에 세운 집이라면 얼마나 좋을까. 이처럼 홀가분한 마음으로 조용히 혼자 있으면 모든 일을 하나님께서 분부하시는 대로 따를 수 있을 것 같은데, 어느 순간에 죄를 짓게 되니…… . 아무쪼록 하나님을 위해 열심히 살아야겠어. 아, 정말 유쾌하구나! 바라건대 하나님이시여, 저에게 힘을 내려 주시옵소서!'

마르틴은 그렇게 유쾌한 마음을 간직한 채 잠자리에 들고 싶었지만, 쉽사리 성경책을 놓을 수가 없었다. 그래서 다시 제7장을 읽어 내려갔다. 가버나움에 주둔하고 있는 로마 군대 백부장의 이야기를 읽고, 요한이 그의 제자에게 대답한 대목, 그리고 마침내 부자 바리새 인이 예수를 자기 집에 초청한 장면까지 읽었다.

그리고 다시 죄많은 한 여자가 예수의 발에 기름을 붓고 그 발에 입맞추니 예수께서 그 죄를 용서하셨다는 이야기도 읽었다. 이렇게 제43절까지 읽고 난 뒤 다음 절을 읽기 시작했다.

'여자를 돌아보시며 시몬에게 이르시되 이 여자를 보느냐. 내가 네 집에 들어오매 너는 내게 발씻을 물도 주지 아니하였으되 이 여자는 눈물로 내 발을 적시고 그 머리털로 씻었으며, 너는 내게 입맞추지 아니하였으되 저는 내가 들어올 때로부터 내 발에 입맞추기를 그치지 아니하였으며, 너는 내 머리에 감람유도 붓지 아니하였으되 저는 향유를 내 발에 부었느니라."

이 한 구절을 읽고 마르틴은 생각했다.

'발 씻을 물도 주지 않고 입맞추지 않고 머리에 감람유도 붓지 않고…….'

마르틴은 다시 안경을 벗어 책 위에 놓고 생각에 잠기었다.

'아무래도 내가 그 바리새 인과 같다는 생각이 드는군. 오로지 나 자신만을 생각해 왔으니까. 차를 마시고 싶다거나 따스한 옷을 입고 싶다는 따위의 내 욕심만을 생각했지, 손님을 위한 생각은 조금도 하지 않았으니. 손님의 일 따위는 조금도 아랑곳하지 않고 오직 내 위주로 생각하며 살았어.

그렇다면 나에게 있어 손님은 누구인가? 분명 하나님이실 거야. 만약 하나님께서 나를 찾아오신다면 나는 어떻게 대할 것인가?'

마르틴은 턱을 괴고 생각에 잠기다 어느 새 깜빡 잠이 들고 말았다.

"마르틴!"

문득 등뒤에서 누군가가 자기를 부르는 소리가 들렸다.

마르틴은 깜짝 놀라 자리에서 일어났다.

'누구지? 나를 부르는 사람은?'

고개를 돌려 문 쪽을 보았지만 아무도 없었다. 다시 몸을 엎드려 눕자 갑자기 또렷하게 말하는 소리가 들려왔다.

"마르틴, 마르틴아! 내일 창 너머로 큰길을 보아라. 내가 그 곳으로 갈 터이니."

마르틴은 자리에서 일어나 눈을 비볐다. 그 말소리를 꿈속에서 들었는지 깨어서 들었는지 갈피를 잡으려 했지만, 도무지 알 수가 없었다. 그래서 다시 램프를 끄고 잠자리에 들었다.

다음 날, 마르틴은 아직 어둠이 채 가시기도 전인 새벽에 자리에서

일어나 하나님께 기도를 드리고 난로에 불을 피워 국과 보리죽을 끓였다. 그리고 주전자를 준비하고, 앞치마를 두른 뒤 창가에 앉아 일을 하기 시작했다.

마르틴은 일을 하면서도 어젯밤 일만을 생각하고 있었다. 우연히 자기의 귀에 그런 소리가 들린 것처럼 생각되는 것뿐이라고 단정지었다가, 또 한편으로는 정말로 그런 소리를 들었다고 생각했다.

'뭐, 이런 일은 흔히 있을 수 있는 일이니까.'

마르틴은 가볍게 생각해 버리려고 했지만, 일을 한다기보다 창 너머로 큰길을 내다보는 편이 더 많았다.

처음 보는 구두를 신고 지나가는 사람이 있으면 몸을 일으켜 밖을 내다보면서 구두뿐만 아니라 얼굴까지도 보려고 애썼다. 새로 맞춘 가죽 장화를 신은 정원지기가 지나가는가 하면, 무거운 짐의 지게를 진 일꾼도 지나갔다.

시간이 조금 흐른 뒤에 여기저기 꿰맨 흔적이 있는 낡은 장화를 신은 니콜라이 1세 때의 늙은 병사가 삽을 들고 창 앞으로 다가왔다. 장화를 보는 순간, 마르틴은 곧 그 사람이라는 것을 알았다. 이 늙은 병사는 스채바느비치라고 불렸는데, 옆집 가게 주인이 인정상 데리고 살았다. 그가 하는 일은 정원지기를 도와주는 것이었다.

스채바느비치는 마르틴의 창 바로 앞에서 길에 쌓인 눈을 치우기 시작했다. 한참 동안 스채바느비치를 바라보던 마르틴은 다시 일을 하기 시작했다.

"아무래도 나도 나이가 드니 노망이 들려나 봐."

마르틴은 속으로 중얼거리며 웃었다.

"스채바느비치가 눈을 치우고 있는데 나는 예수가 오신 게 아닌가 생각하고 있으니, 이런 한심한 노릇이 다 있나. 아주 정신이 나갔군."

그러나 얼마쯤 구두를 고치는 일을 했나 싶었는데, 마르틴의 마음이 다시 창밖으로 끌렸다. 밖을 내다보니 스채바느비치는 삽을 벽에 기대 놓고 볕을 쬐는 것 같기도 하고 쉬고 있는 것 같기도 한 모습으로 멍하니 서 있었다. 마르틴은 스채바느비치가 이제는 늙어서 눈을 치울 기력도 없는 것이라고 생각했다.

'저 사람에게 차라도 한잔 대접할까? 마침 주전자의 물도 끓었으니.'

측은한 마음이 든 마르틴은 일손을 멈추고 일어나 주전자를 테이블 위에 올려놓고 차를 준비한 다음, 손가락으로 창문 유리를 톡톡 두드렸다. 스채바느비치는 소리나는 쪽을 돌아다보고 창가로 왔다. 마르틴은 손짓을 하면서 문을 열고 나갔다.

"스채바느비치, 추운데 들어와 몸 좀 녹이게나. 몸이 꽤 얼었는데."

"아이구 고맙네. 온몸의 뼈마디가 다 쑤시는구먼."

스채바느비치는 반갑게 대답했다. 스채바느비치는 들어오면서 눈을 털고 마룻바닥에 자국이 나지 않도록 장화에 묻은 눈을 닦으며 심하게 몸을 떨었다.

"닦지 않아도 돼. 이리 주게, 내가 털 테니. 구두 터는 거야 내가 늘 하는 일이니까. 자, 여기 난로 곁으로 와서 앉게나."

마르틴은 두 개의 잔에 차를 부어 하나를 그에게 건네주고 자기도 찻잔을 들어 마셨다.

차를 다 마시고 나자 스채바느비치는 잔을 테이블 위에 올려놓고 잘 마셨다고 고마워했다. 그러나 차를 좀더 마시고 싶은 듯 빈 찻잔을 내려다보며 아쉬운 표정을 지었다.

"자, 한잔 더 하고 가게나."

마르틴은 자기 잔과 스채바느비치의 잔에 차를 가득히 따랐다. 그런데 차를 마시면서도 마르틴의 눈길은 자꾸 큰길 쪽을 바라보게 되었다.

"누구 기다리는 사람이라도 있는가, 마르틴?"

"누굴 기다리느냐고? 누굴 기다리는지는 쑥스러워 말 못하겠는데. 기다리는 것도 아니고 그렇다고 기다리지 않는 것도 아니지. 간밤에 얼핏 어떤 목소리를 들었는데 그게 기억에서 사라지지 않고 맴돌아. 꿈인지 생시인지도 잘 모르겠어.

어젯밤에는 성경에서 그리스도가 이 세상 여러 곳을 다니며 고생하는 이야기를 읽었네. 자네도 물론 읽었거나 들어서 잘 알고 있는 내용일 테지."

"들어서 알지. 나야 배우지 못해서 글을 읽을 줄 모르지 않나."

"나는 예수가 이 세상을 두루 다니는 장면을 읽었네. 내 얘기를 잘 들어봐, 스채바느비치: 예수님이 말이야 '바리새 인의 집에 오셨는데 바리새 인이 변변히 대접도 하지 않았다.'라는 구절을 읽었거든.

그런데 나는 그 구절을 읽으며 생각에 잠기지 않을 수 없었네. 예수님을 대접하지 않다니, 그게 있을 법한 일인가. 그렇지만 혹시 나에게나 또는 다른 누군가에게 예수님께서 찾아오셨다면 어떤 대접을 하는지 모른단 말이야. 그러나 그 바리새 인은 분명 충분한 대접을 못 했어. 이런 생각을 하면서 앉은 채 그냥 잠이 들어 버렸지.

그런데 어디선가 나를 부르는 소리가 들리지 않겠나. 그래서 나는 몸을 바로 세우고 가만히 소리나는 쪽을 향해 귀를 기울였지. 누군가가 또렷한 음성으로 '기다려라. 내일 내가 갈 테니.' 하고 말하지 않겠나. 그것도 두 번이나 되풀이해서 말이야. 그래 그 말이 생생히 되살아나서 아무리 나 자신을 타일러 자제하려 해도 예수님의 방문이 기다려지는구먼."

스채바느비치는 그 말을 듣고는 고개를 저을 뿐 아무런 대꾸도 없이 남은 차를 모두 마시고 잔을 내려놓았다. 마르틴은 다시 잔에 차를 가득히 채웠다.

"자, 기운 낼 수 있게 한잔 더 마시게. 내가 생각하기에는 예수도 이 세상을 두루 돌아다니셨을 때는 신분이 높은 사람, 낮은 사람을 가리지 않고 보살펴 주셨을 거야. 특히 우리같이 신분이 낮은 사람들을 더 보살펴 주셨을 게 틀림없어. 언제나 가난한 사람들을 격려하시고 제자도 우리네 같은 무식하고 죄많은 기술자 중에서 택하셨지.

마음이 교만한 자는 오히려 낮아지고, 마음이 온유하고 가난한 자는 도리어 높임을 받는다고 말씀하셨네. '너희들은 나를 주님이시여! 하고 부르지만 나는 너희들의 발을 씻어 주겠다.' '우두머리가 되고 싶은 자는 모든 사람의 하인이 되라.'고 말씀하셨네. 또 '마음이 가난하고 겸손하며 인정 있는 자는 행복할지니.' 라고 하셨지."

스채바느비치는 차 마시는 것도 잊은 채 마르틴의 말에 귀를 기울였다. 그리고 어느 새 그의 볼에 눈물이 흐르고 있었다.

"한잔 더 들고 가게나."

마르틴은 스채바느비치에게 차를 권했다. 그러나 스채바느비치는 가슴에 성호를 긋고 감사하다는 인사말을 하고는 컵을 놓으며 일어섰다.

"참으로 고맙네, 마르틴. 정말 잘 마셨네. 자네 덕분에 몸도 마음도 훈훈해졌네."

"종종 찾아 주게. 나는 손님이 찾아오는 걸 좋아한다네."

스채바느비치는 가게 문을 열고 밖으로 나갔다. 마르틴은 남은 차를 따라 마시고 잔을 치운 다음 창가의 일터로 돌아가 구두 뒤꿈치를 꿰매기 시작했다. 꿰매면서도 역시 창밖을 바라보며 어서 예수가 나타나기만을 기다렸다.

머릿속에는 예수가 한 일과 행적만을 끊임없이 생각하다 보니, 그리스도가 말씀하신 여러 가지 일들이 가득 찬 채 사라지지 않았다.

창밖을 내다보니 두 명의 병사가 큰길을 지나가고 있었다. 한 사람은 군화를, 또 한 사람은 자기가 만든 구두를 신고 있었다. 그 뒤로 이웃집 주인이 반짝반짝 윤이 나는 방한용 덧신을 신고 지나가고, 얼마 지나지 않아 이번에는 바구니를 옆에 낀 빵집 사람이 지나갔다. 모두들 바쁘게 지나가는데, 털실로 짠 긴 양말에 낡은 신발을 신은 한 여인이 창 앞으로 다가와 창 바로 옆에서 발을 멈췄다.

마르틴이 창 너머로 내다보니 다른 마을에 사는 사람으로, 허름한 옷차림에 품에는 아기를 안고 있었다. 그녀는 바람을 등지고 벽과 마주서서 아기를 춥지 않게 감싸 주려는 듯이 보였지만, 아기를 감싸 줄 만한 것은 아무것도 없었다. 여자가 입은 옷도 얇은 여름옷이었다.

마르틴이 방에서 들어 보니 아기는 계속 울어대고 여자는 아기를 달래려고 애를 먹고 있었지만, 아기는 쉽게 울음을 그치려 하지 않았다. 마르틴은 일어서서 밖으로 나가 돌층계 위에서 큰 소리로 불렀다.

"아주머니! 아주머니!"

여자가 그 소리를 듣고 뒤를 돌아보았다.

"이렇게 추운 날씨에 왜 거기서 아기를 울리고 있소? 방으로 들어와요. 방 안은 따뜻해서 아기를 달래기에 좋을 게요. 어서 들어오시오."

그 여자는 깜짝 놀라는 표정이었다. 올려다보니 앞치마를 두르고 안경을 쓴 늙은이가 자기더러 방 안으로 들어오라고 손짓하는 것이 아닌가? 여자는 그를 따라 가게 안으로 들어갔다. 층계를 내려가 방에 들어서자 노인은 여자를 난로 곁에 앉혔다.

"자, 아주머니, 여기 앉으시오. 난로 가까이. 몸을 녹이면서 아기에게 젖을 주도록 해요."

"젖이 나오지 않아요. 아침부터 아무것도 먹지를 못했거든요."

마르틴은 여인이 너무 가여운 생각이 들어 혀를 차며 테이블로 가서 그릇과 빵을 꺼내더니, 난로 위에 놓인 따뜻한 수프를 꺼내서 그릇에 담았다. 보리죽이 담긴 항아리를 열어 보았으나 죽이 아직 덜 익어 있었다. 그래서 수프만 따라 식탁 위에 놓았다. 그러고 나서 빵을 놓고, 이어서 냅킨을 식탁 위에 놓았다.

"여기 앉아서 어서 먹어요. 아기는 내가 안고 있을 테니. 나도 전에는 아기가 있었으니 잘 본다우."

여자는 식탁에 앉아 성호를 긋고 음식을 먹기 시작했다. 마르틴은 아기가 있는 침대에 걸터앉아 열심히 아기를 달래려고 입술을 오므려 소리를 내려 했지만 잘 되지 않았다. 이가 다 빠져 버려 소리가 나지 않았던 것이다. 아기는 자꾸만 울어 댔다.

그래서 마르틴은 아기 입가에 손가락을 대고 이리저리 움직이며 달래었다. 아기 입 안에 손가락을 넣지는 않았다. 송진 등이 묻어서 손이 매우 지저분했기 때문이다.

아기는 손가락을 쳐다보고는 울음을 그치더니, 이윽고 벙실벙실 미소를 지었다. 아기의 웃는 모습을 보니 마르틴도 기분이 좋아 웃었다. 여자는 식사를 하면서 자기의 신세에 대해 이것저것 말하기 시작했다.

"저의 남편은 군인이에요. 여덟 달 전에 어딘지도 모르는 먼 곳으로 전출되었는데 통 소식이 없답니다. 저는 남의 집 하녀로 들어가서 일을 했는데, 시작한 지 얼마 되지 않아 이 아이를 낳았어요. 그러자 아이를 데리고 있어서 일을 제대로 못한다고 쫓겨났지요. 벌써 3개월째 일자리를 구하지 못했습니다.

입고 있던 옷도 팔고, 이젠 유모 일이라도 하고 싶지만, 그런 자리도 없어요. 몸이 너무 말라서 젖이 제대로 나오지 않으니까요. 지금은 장사하는 어떤 아주머니에게 다녀오는 길이에요. 그 집에 제가 아는 마을 여자가 일을 하고 있는데, 저를 써 주겠다고 약속이 되어 있었어요.

저는 오늘부터 일을 시작할 수 있을 줄 알고 갔는데, 다음 주에 다시 오라는군요. 그런데 그 집이 너무 멀어서 저도 지쳐 쓰러질 지경이었지만, 갓난아이도 여간 혼이 나지 않았어요.

그나마 다행인 것은 지금 살고 있는 집의 주인 아주머니께서 하나님을 믿는 고마운 분이세요. 그래서 우리 모자를 불쌍하게 여기신답니다. 그렇지 않았더라면 우리 모자는 오래 전에 쫓겨났을 거예요. 그럼 어떻게 살아갈 뻔했는지……."

여자의 이야기를 들은 마르틴은 긴 한숨을 내쉬며 말했다.

"그래 따뜻하게 입을 만한 옷 한 벌 없어요?"

"이제 따뜻한 옷을 입어야 하는 때가 되었지만, 바로 어제도 하나밖에 없는 목도리를 20코페이카에 저당잡힌 형편이에요."

그녀는 침대로 다가와 아이를 안았다. 마르틴은 일어나 벽께로 가더니 무엇인가를 한참 동안 찾기 시작했다. 이윽고 소매 없는 낡은 외투를 들고 돌아왔다.

"자, 이걸 입어요. 다 낡았지만 그래도 아기는 감쌀 수 있을 거요."

여자는 소매 없는 외투와 마르틴 노인을 번갈아 보더니, 그만 울음을 터뜨렸다. 마르틴도 눈물이 나올 듯하여 고개를 돌렸다. 그리고 침상 밑으로 들어가 옷 궤짝을 꺼내놓고 그 안을 뒤졌다.

여자가 말했다.

"정말 감사합니다. 하나님께서 복을 내려 주실 거예요. 아마도 주님께서 저를 할아버지 가게의 창 앞으로 보내신 모양이에요. 하마터면 아이를 얼려 죽일 뻔했어요. 집을 나설 때만 해도 날씨가 따뜻했는데 갑자기 추워지더군요. 이것은 분명 예수께서 할아버지를 창가에 앉게 하셔서 저의 가엾은 모습을 보실 수 있도록 한 게 틀림없어요. 할아버지께 도움을 받을 수 있도록 말이지요."

마르틴은 빙그레 미소를 지으며 말했다.

"듣고 보니 과연 그렇군요. 예수께서 나를 저기 앉게 하셨어요. 사실 내가 창밖을 내다보고 있었던 것은 공연히 그런 것이 아니라오."

마르틴은 병사의 아내에게 어젯밤에 겪었던 일을 이야기하며 예수께서 오늘 자기에게 오시겠다고 약속한 일을 들려주었다.

"우리를 살려 주시겠다는 하나님의 따뜻한 은총이 아닐지……."

여자는 일어나 소매 없는 외투를 입고 그 속에 아기를 감싸안은 다음 다시 허리를 굽혀 마르틴에게 인사했다.

"자, 그리스도의 사랑으로 이 돈을 받으시오."

마르틴은 여자에게 20코페이카를 주었다.

"이 돈으로 목도리를 찾아 두르도록 해요."

여자는 성호를 그었다. 마르틴도 성호를 그어 여자의 인사에 답례한 뒤 배웅했다.

여자가 나가자 마르틴은 간단한 음식을 먹고 뒷정리를 한 다음 손에 일감을 잡았다. 그러나 일을 하면서도 눈을 창밖으로 돌려 내다보는 일은 잊지 않았다.

창문에 그늘이 지면 누군가를 보기 위해 얼른 고개를 들었다. 그 때마다 아는 사람이 지나가기도 하고, 모르는 사람도 몇몇 지나갔지만, 특별히 눈여겨볼 만한 사람은 없었다.

문득 고개를 들어 바라보니, 마르틴의 창문 바로 앞에 한 할머니가 서 있었다. 팔에는 사과가 담긴 바구니를 걸치고 있었다. 거의 다 팔고, 남은 것은 얼마 되지 않았다. 그 대신 나뭇조각이 든 자루를 어깨에 메고 있었다. 아마 어느 공사장에서 주워 집으로 가지고 돌아가는 모양이었다.

그런데 자루가 너무 무거워 다른 쪽 어깨에 바꿔 메려고 자루를 한길 위에 내려놓고 사과 바구니를 팔뚝에 걸어 놓은 채 자루 속의 나뭇가지들을 추스르고 있었다.

할머니가 자루를 막 들어올리려는 순간, 어디서 나타났는지 찢어진 모자를 쓴 사내아이 하나가 쏜살같이 뛰어와 바구니에서 사과 한 개를 훔쳐 가지고 달아나려 했다. 그러나 할머니는 재빨리 눈치를 채고 곧 돌아서서 그 아이를 붙잡았다. 사내아이는 발버둥을 치며 벗어나려고 했지만, 그럴수록 할머니는 두 손을 꽉 붙잡고 모자를 벗기더니 머리카락을 움켜잡았다. 사내아이는 용서를 빌기는커녕 욕설을 퍼부으며 할머니에게 대들었다.

이 광경을 본 마르틴은 바늘을 어디다 찔러놓을 겨를도 없이 일감을 마룻바닥에 내동댕이치고 문밖으로 뛰어나갔다. 급히 뛰어나가다가 층계에 발이 걸려 안경을 떨어뜨렸다. 마르틴이 한길로 달려갔을 때 할머니는 그 애의 머리카락을 잡고 욕을 하면서 경찰서로 가자고 실랑이를 벌이던 참이었다. 사내아이는 필사적으로 빠져 나가려고 발버둥치며 큰 소리로 소리쳤다.

"난 훔치지 않았어요. 훔치지 않았다고요. 이거 놔요!"

마르틴이 나서서 사내아이의 손을 잡고 말했다.

"할머니, 놓아주세요. 예수님의 사랑으로 이 아이를 용서해 주세요."

"놓아주기야 하겠지만, 앞으로 다시는 이런 못된 짓을 하지 못하게 경찰에 끌고 가서 혼을 좀 내주어야 돼."

마르틴은 할머니를 달랬다.

"그만 놓아주시구려. 그만하면 됐어요. 다시는 안 그럴 테지. 예수님의 이름으로 놓아주십시오!"

할머니는 손을 놓았다. 사내아이가 얼른 도망치려 하는 것을 마르틴이 붙잡아 세우고 말했다.

"할머니께 잘못했다고 빌어라. 이제부터 이런 나쁜 짓은 절대로 하지 마라. 난 네가 사과를 훔치는 걸 똑똑히 보았단다."

사내아이는 훌쩍거리며 사과했다.

"그래, 이제 됐다. 자, 이 사과를 하나 가지고 가거라."

마르틴은 바구니에서 사과 하나를 꺼내어 사내아이에게 주며 할머니에게 말했다.

"할머니, 이 사과 값은 제가 드리도록 하지요."

"쓸데없는 짓을 했어. 이런 아이들은 평생 잊어버리지 않도록 한 일주일 정도 따끔하게 혼을 내주어야 하는데."

할머니의 말에 마르틴이 다시 말했다.

"아니에요, 할머니. 그거야 물론 우리 인간들 생각이지요. 하지만 예수님의 뜻은 그게 아닙니다. 겨우 사과 한 개 때문에 아이에게 매를 들어야 한다면, 죄많은 우리들은 도대체 어떤 벌을 받아야 하나요?"

노파는 아무 대답이 없었다.

"예수님께서는 언제나 죄를 용서하라고 말씀하셨습니다. 그렇지 않으면 우리도 죄를 용서받을 수 없겠지요. 어떤 사람이라도 용서해야 하는데, 하물며 철없는 어린아이는 더욱 그렇지요."

마르틴의 말에 할머니는 긴 한숨을 내쉬며 말했다.

"물론 맞는 말이에요. 하지만, 이 아이는 너무 버릇이 없어서……."

"그러니까 우리 같은 늙은이들이 더욱더 아이들을 잘 가르쳐야 되지 않겠어요?"

"맞아요. 나도 아이를 일곱이나 낳았지만 지금은 딸 하나밖에 없어요."

할머니는 자기가 어느 마을에서 그 딸과 같이 살고 있으며 외손자가

몇 명 있다는 등, 그 외에도 여러 가지 이야기를 늘어놓았다

"이제는 기력도 많이 달리지만 그래도 아직 일을 하지요. 어린 손자들이 너무 가여워서요. 아이들이 어찌나 착한지 내가 집에 돌아가면 모두 나와 마중을 한답니다. 글쎄, 우리 아크슈트는 내 곁을 떠나려 하지 않고 졸졸 따라다니면서 '할머니, 우리 할머니가 제일 좋아.' 라고 말하지요."

어느 새 할머니의 마음은 완전히 풀어져 있었다.

"너도 물론 철없는 생각에 그런 행동을 했겠지."

할머니는 사내아이를 보며 말했다.

노파가 자루를 등에 지려고 하자 사내아이가 재빨리 나서며 말했다.

"할머니, 제가 들어다 드릴까요? 저도 같은 길로 가니까요."

노파는 뭐라고 웅얼거리며 자루를 사내아이의 어깨에 올려 주었다.

이렇게 해서 두 사람은 나란히 길을 걷기 시작했다. 노파는 마르틴에게 사과 값을 받는 것도 잊어버린 모양이었다.

마르틴은 우두커니 서서 두 사람의 뒷모습을 바라보며, 두 사람이 나누는 이야기에 귀를 기울였다. 두 사람의 모습이 사라지자 마르틴은 다시 가게로 돌아왔다.

층계에 떨어진 안경을 집어들어 살펴보니 다행히 깨진 곳은 없었다. 바늘을 찾아 들고 다시 일감을 붙잡았다.

부지런히 일을 하는 사이에 어느덧 날이 저물어 바늘구멍이 잘 보이지 않았다. 벌써 한길에는 가스등을 켜는 인부가 불을 켜느라고 돌아다니고 있었다.

'아무래도 등불을 밝혀야겠어.'

마르틴은 이렇게 생각하며 램프에 불을 붙여 고리에 걸고 다시 일을 시작했다. 한쪽 장화를 만들고 난 뒤 이리저리 살펴보니 잘 꿰매져 있었다. 연장을 정리하고 가죽 조각들을 쓸어 낸 다음 실과 바늘을 제자리에 넣어 정리했다.

그리고 램프를 떼어 테이블 위에 놓은 뒤 벽장에서 성경을 꺼내었다. 어젯밤 읽다 만 곳을 펼치려고 했는데 다른 데가 펼쳐졌다. 마르틴은 성경을 펼치자 어젯저녁의 일이 떠올랐다. 꿈이 되살아남과 동시에 부스럭거리는 듯한 이상한 소리가 귀에 들려왔다. 마르틴이 뒤를 돌아보니 컴컴한 구석에 어떤 사람이 서 있었다. 사람인 것은 분명한데 누구인지 알 수가 없었다. 그러나 마르틴의 귀 밑에서 속삭여 말하는 것이었다.

"마르틴, 마르틴. 나를 알아보지 못하였느냐?"

"누구 말입니까?"

"나를 말이다. 오늘 만난 사람이 바로 나였느니라."

그러자 어두컴컴한 구석에서 스채바느비치가 앞으로 나오더니 빙그레 웃으며 바람처럼 사라져 버렸다.

"그 또한 나였느니라."

목소리가 이렇게 말하고 나자, 어두운 한구석에서 아기를 안은 여자가 나타났다. 그녀와 아기의 얼굴에는 미소가 어려 있었다. 그러더니 두 사람도 이내 사라져 버렸다.

"그도 나였느니라."

목소리가 들리더니, 이번에는 낮에 만났던 할머니와 사과를 훔쳐 달아나려던 사내아이가 나타나 함께 빙그레 웃고는 사라져 버렸다.

마르틴은 너무 기뻤다. 성호를 긋고 안경을 쓰고 성경이 펼쳐진 부분을 읽기 시작했다. 그 페이지의 첫머리에는 이렇게 씌어져 있었다.

'내가 주릴 때에 너희가 먹을 것을 주었고, 목마를 때에 마시게 하였

고, 나그네 되었을 때에 영접하였고, 벗었을 때에 옷을 입혔으니…….'
그리고 같은 페이지 아래쪽에는 또한 이렇게 적혀 있었다.

'내 형제 중에 지극히 작은 자 하나에게 한 것이 곧 내게 한 것이니
라.' (마태복음 25장)

마르틴은 깨달았다. 꿈에서 맺은 약속대로 그리스도는 어김없이 마르
틴을 찾아왔고, 마르틴은 그를 영접했다는 것을.

작은 악마의 앙갚음

어느 가난한 농부가 아침도 굶은 채 빵 한 조각만을 싸들고 밭을 갈기 위해 들판으로 나갔다. 밭에 도착하자 농부는 쟁기를 내리고 말에서 수레를 풀어 덤불 밑에 끌어다 놓았다. 그리고 그 위에 가지고 온 빵을 올려놓고 윗옷으로 덮어 두고 밭을 갈기 시작했다. 한참 밭을 갈고 나자 말도 지치고 농부도 허기가 느껴졌다. 농부는 쟁기를 땅에 꽂아 놓은 뒤 말을 풀어 풀을 뜯어 먹을 수 있도록 하고, 자기도 빵을 먹기 위해 수레 쪽으로 걸어갔다.

농부는 빵을 덮어 두었던 윗옷을 들추었다. 그러나 빵이 보이지 않았다. 농부는 빵을 찾기 위해 수레 주위를 샅샅이 살펴보기도 하고, 윗옷을 들어 흔들어 보기도 했지만, 빵은 보이지 않았다. 농부는 너무 놀라 곰곰이 생각해 보았다.

'참 이상한 일도 다 있지. 아침에 분명히 놔 두었는데 어디로 간 것일까? 아무도 온 사람이 없으니 누가 가져간 것도 아닐 텐데.'

그러나 사실은 오전 내내 농부가 밭을 갈고 있는 동안 작은 악마가 와서 몰래 빵을 훔쳐 가 버린 것이다. 그런 뒤 작은 악마는 수풀 뒤에 숨어서 농부가 화가 나서 욕을 내뱉기만을 기다렸다. 그렇게 해서 마왕을 기쁘게 해 줄 생각이었기 때문이다.

먹을 빵이 없어져 버린 농부는 마음이 상했지만, 이렇게 중얼거렸다.

"어쩔 수 없지. 빵 한 조각 안 먹었다고 굶어 죽기야 하겠어. 아마 빵이 너무 필요했던 사람이 가져갔을 거야. 아무나 잘 먹을 수 있게 내버려 두지 뭐."

생각을 고친 농부는 물가로 가서 물을 잔뜩 마신 뒤 잠시 쉬었다가 다시 말 등에 쟁기를 채우고 밭을 갈기 시작했다.

작은 악마는 농부가 죄를 짓도록 하는 데 실패하자 당황했다. 그래서 이 일을 마왕에게 이야기하기 위해 쉬지 않고 한달음에 뛰어갔다. 마왕 앞에 서게 된 작은 악마는 사실대로 모든 것을 이야기했다. 자기가 농부의 빵을 몰래 훔쳐냈는데도 그는 욕을 하는 대신 오히려, '잘 먹게 내버려 두지!' 라는 말을 했다고 전했다.

"만약 농부가 이번 일에서 너를 이겼다면 그건 네 잘못이다. 방법이 너무 어리석고 서툴렀기 때문이다. 만약 다른 농부들까지 그렇게 행동한다면 우리는 무엇으로 살아가겠느냐? 그런 일을 절대 그냥 내버려 둘 수 없다. 그러니 다시 그 농부에게 가서 그 빵의 값을 하고 오너라. 만약 3년 안에 농부를 이기지 못하면 너를 성수 속에 빠뜨려 버릴 테다!"

작은 악마는 깜짝 놀라 급히 세상으로 뛰어갔다. 그리고 어떻게 하면 농부에게 앙갚음을 할 수 있을 것인가를 궁리하기 시작했다. 며칠 간 고민한 끝에 좋은 방법이 하나 떠올랐다. 작은 악마는 그것을 실행해 보기로 했다.

작은 악마는 착한 사람으로 둔갑하여 가난한 농부의 집에 일꾼으로 들어갔다. 그리고 여름에 가뭄이 들 것에 대비하여 습기가 많은 땅에 씨앗을 뿌리라고 일렀다. 농부는 일꾼이 시키는 대로 습기가 많은 땅에 곡식을 심었다. 여름이 되어 가뭄이 들자 다른 집 곡식들은 모두 말라 죽었지만, 가난한 농부네 곡식만은 아무 탈 없이 잘 자라 커다란 낱알을 맺고, 풍작을 거두게 되었다. 그래서 농부는 이듬해 새로 곡식이 나올 때까지 먹을 수 있는 많은 양의 곡식을 저장해 둘 수 있었다.

다음 해 여름이 되자 일꾼은 농부에게 언덕 위에 곡식을 심으라고 말했다. 그 해 여름에는 비가 많이 내렸다. 그래서 다른 집 곡식들은 모두 물에 잠기고 쓰러져 제대로 결실을 맺지 못했지만, 가난한 농부의 곡식은 언덕 위에 있었기 때문에 아무 피해도 입지 않고 열매를 맺었다. 농부는 작년보다 더 많은 곡식을 수확했다. 농부는 그 많은 곡식들을 어떻게 처분해야 좋을지 결정을 내릴 수가 없었다.

그러자 일꾼은 농부에게 밀을 빻아서 술을 담그라고 가르쳐 주었다. 농부는 일꾼의 말대로 술을 많이 담가 자기도 마시고 이웃들에게도 나누어 주었다. 작은 악마는 마왕에게 가서 지난번의 실수를 만회하게 되었다고 자랑스럽게 말했다. 마왕은 그것을 보기 위해 농부에게로 갔다.

농부네 집에 도착해 보니, 농부는 돈이 많은 사람들을 초대해 술과 먹을 것을 대접하고 있었다. 농부의 아내가 음식 대접을 거들고 있었다. 그런데 식탁 모퉁이를 돌다 옷깃이 걸려 그만 술잔을 엎고 말았다. 이것을 본 농부는 매우 화를 내며 아내를 꾸짖기 시작했다.

"조심해야지. 이렇게 좋은 술을 엎지르면 어떻게 한단 말이오? 이게 냇물인 줄 알아? 이 안짱다리야."

작은 악마는 마왕을 돌아보며 쿡쿡 웃었다.

"보십시오. 이젠 저 농부는 사소한 것도 아까워하게 되었어요."

농부는 아내를 힐책하고 난 뒤 손님들에게 나눠 줄 술을 직접 나르기 시작했다. 이 때 일을 마치고 지나가던 한 가난한 농부가 초대도 받지 않았는데 들어왔다. 그 농부는 인사를 하고 식탁에 앉았다. 둘러보니 초대된 손님들은 모두 술을 마시고 있었다. 일에 지친 그 농부는 자기도 한잔 마시고 싶었다. 그러나 아무리 기다려도 주인 농부는 그에게 술을 주려 하지 않았다. 그러고는 이렇게 중얼거리는 것이었다.

"아무에게나 술을 줄 수야 없지."

농부가 내뱉은 이 말도 마왕의 마음에 들었다. 작은 악마는 자랑스럽게 우쭐거리며 뽐냈다.

"두고 보십시오, 마왕님. 이것은 겨우 시작에 불과한 것이니까요."

돈이 많은 부유한 농부들은 한잔한잔 술잔을 비워나갔다. 주인도 가득 담긴 술을 기분 좋게 들이켰다. 그들은 서로 비위를 맞추느라 치켜세우기도 하고, 입에 발린 말을 늘어놓으며 마구 지껄여 대기도 했다. 마왕은 사람들의 얘기를 묵묵히 듣고 있다가 작은 악마를 칭찬했다.

"만약 저 술 때문에 사람들이 서로 아첨을 하고 속이게 된다면 저들은 우리 손아귀에 들어온 것이나 마찬가지지."

그러자 작은 악마가 대답했다.

"하지만 좀더 기다려 주십시오. 아직은 멀었습니다. 저들에게 술을 한 잔씩만 더 먹여 보세요. 지금은 여우처럼 꼬리를 흔들며 서로를 속이려고 하지만, 얼마 지나지 않아 교활한 늑대가 될 겁니다. 두고 보십시오. 틀림없을 테니까요."

농부들은 술을 더 나누어 마셨다. 어느 새 그들의 말소리는 점점 더 커지고 거칠어졌다. 서로에게 건네던 입에 발린 칭찬 대신 서로 화를 내며 욕설을 퍼붓다가 마침내 서로 목덜미를 움켜잡고 싸우기 시작했다. 주인도 싸움판에 끼어들었다가 마구 두들겨맞기만 했다.

그 상황을 지켜보던 마왕은 매우 흡족했다.

"참 재미있는 광경이군."

그러나 작은 악마는 말했다.

"계속 두고 보십시오. 한참 진행중이니까요. 한 잔씩만 더 먹게 한 후에 좀더 지켜보세요. 지금은 늑대처럼 으르렁대지만, 조금 있으면 돼지들처럼 되어 버릴 겁니다."

농부들은 또 한잔씩 들이켰다. 그러자 이제는 완전히 취해 버려 알아들을 수 없는 말들을 흥얼거리고 소리지르며 다른 사람이 무슨 말을 하든 귀도 기울이지 않았다. 마침내 그들은 농부의 집을 나와 각자 자기 집을 향해 흩어졌다. 하나씩, 둘씩 서로 어깨동무를 하고 비틀거리며 거리를 휩쓸고 다녔다. 주인은 손님들을 배웅하러 문밖에까지 나왔다가 그만 웅덩이에 처박혀 버리고 말았다. 그리고 그 속에서 돼지처럼 뒹굴며 혼자서 그르렁거렸다.

이 모습도 마왕의 마음에 들었다.

"이 정도면 충분해. 작은 악마, 정말 멋진 음료수를 생각해 냈구나. 이것으로 네가 저지른 빵의 실수는 모두 용서하도록 하마. 그런데 너는 이 음료수를 어떻게 만들었지? 아마도 그 속에 여우의 피를 넣었겠지. 그래서 농부들이 여우처럼 잔꾀를 부리는 걸 거야. 그리고 분명히 늑대의 피도 넣었을 테고. 그래서 농부들이 늑대처럼 사나워졌지. 그리고 마지막으로는 돼지의 피를 섞어서 농부들이 돼지처럼 변하게 된 거지, 그렇지?"

"천만에요, 마왕님."

작은 악마가 대답했다.

"저는 그런 짓은 절대 하지 않는답니다. 저는 다만 한 가지 방법만을 사용했어요. 먼저 많은 곡식을 거두어들여서 곡식이 남도록 만들어 주었을 뿐입니다. 짐승과 같은 피는 늘 농부들 몸 속에 있었던 거예요. 그러나 겨우 먹을 정도의 곡식밖에 수확할 수 없을 때는 그 피가 밖으로 나타나지 않았던 거지요. 그 때는 그 농부가 하나뿐인 빵도 아까워하지 않는 좋은 마음을 가졌어요. 그런데 갑자기 남는 곡식이 생기게 되자 관리할 생각은 하지 않고 무슨 재미있는 일이 없을까만

궁리를 하게 되었지요.

그래서 저는 농부에게 술을 가르쳐 준 것이랍니다. 그러자 그 농부는 하나님의 선물인 곡식을 자기의 위안거리로 삼기 위해 술을 담그게 되었어요. 이 때 그의 몸 속에 감추어져 있던 여우와 늑대, 그리고 돼지의 피가 모두 나타나기 시작한 것이지요. 이제 그 농부는 술을 마시면 언제나 짐승이 되어 버리고 말 거예요."

작은 악마의 설명을 듣고 난 마왕은 매우 만족해하며 작은 악마를 칭찬하고 빵의 실패를 용서한 뒤, 작은 악마를 더 높은 자리에 앉혔다.

작품 알아보기
(단편문학)

〈**사람은 무엇으로 사는가**〉를 쓴 톨스토이는 장편 〈전쟁과 평화〉, 〈부활〉, 〈안나 카레니나〉 등의 작품으로 유명한 러시아의 대문호이다.

그러나 톨스토이는 작가로서의 성공과는 달리, 사회의 불합리와 정신적 생활에 깊은 회의와 갈등을 겪은 나머지, 종교에서 그 해결점을 찾으려 했다.

그리하여 철두철미하게 초대 기독교도와 같은 생활을 해 나가며, 직접 일을 하고, 채식주의·금주·금연 등을 실천하였다.

이 책에 실린 〈사람은 무엇으로 사는가〉를 비롯한 여러 작품들은 톨스토이가 그러한 정신적 어려움을 겪고 난 뒤 새로운 윤리관을 근거로 하여 쓴 것으로, 성서의 가르침에 따라 세상의 부귀와 욕망을 버리고 사랑과 선을 행하는 것이 삶의 마지막 목적이라는 내용으로 되어 있다.

또한, 톨스토이는 농민의 생활을 체험하면서, 구전되어 오던 여러 이야기들과 복음서의 진리를 모아 작품화하였다.

특히, 〈사람은 무엇으로 사는가〉는 이와 같은 톨스토이의 기독교적 윤리관과 그의 내면 세계가 잘 나타난 작품으로서, 이는 천사화한 미하일의 다음과 같은 말 속에 함축되어 있다고 할

작품 알아보기
(단편문학)

수 있다.

"사랑 속에 사는 자는 하느님 안에 살고 있는 것이다. 하느님은 바로 그 사람 내부에 계시는 것이다. 왜냐하면 하느님은 사랑이시기 때문이다."

톨스토이는 자신의 인생 목표를, 검소한 생활과 악에 대한 무저항주의, 사랑으로 인한 전세계의 개혁 등으로 삼았고, 71세에 〈부활〉을 썼다. 하지만 자신을 이해하지 못하는 집안 사람들을 떠나 방황하다가 병을 얻어 숨을 거두었다.

논술 길잡이
(단편문학)

❶ 다음 그림은 〈사람은 무엇으로 사는가〉에 나오는 그림으로, 구두장이 세묜이 추운 겨울 벌거벗은 사나이를 길에서 만나는 장면이다. 자신이 만일 세묜이라면 어떻게 했을지를 글로 적어 보자.

....

....

....

....

....

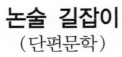

논술 길잡이
(단편문학)

❷ 사람은 무엇으로 살아가는지에 대해 생각해 보고, 그에 대한 자신의 의견을 몇 가지로 정리해서 적어 보자.

....

....

....

....

❸ 〈사람에게는 얼마만큼의 땅이 필요한가〉를 읽고, 작자가 말하려고 하는 의도를 생각해 보고 글로 써 보자.

....

....

....

....

....

논술 길잡이
(단편문학)

❹ 다음은 〈바보 이반〉에서, 형들이 군사와 금화를 더 만들어 달라고 부탁하자, 이반이 형들에게 한 말이다. 착한 이반이 왜 이렇게 말했을까를 본문에서 찾아 써 보자.

"이반아, 아무래도 내가 가지고 있는 군사가 모자라는구나. 그러니 군사들을 더 만들어 줘. 한 두 짚단 정도만 되어도 충분하니까 말이야."

이반은 고개를 내저으며 대답했다.

"안 돼요, 형님. 더 이상 군사를 만들어 드리지 않겠어요."

"왜 안 된다는 거지? 필요할 때면 얼마든지 만들어 주겠다고 나와 약속하지 않았니?"

"물론 약속을 했지요. 하지만 더 이상은 만들어 드리지 않겠어요."

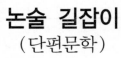

논술 길잡이
(단편문학)

❺ 아래 그림은 〈두 노인〉에 나오는 것으로, 두 노인은 어디를
향해, 무슨 목적으로 여행을 떠나는 것인지를 본문에서 찾
아 써 보자.

....

....

....

....

❻ 〈사랑이 있는 곳에 신이 있다〉를 읽고, 다른 사람에 대한 봉사에 대해 생각해 보고, 그 의미를 글로 적어 보자.

....

....

....

....

❼ 〈작은 악마의 앙갚음〉을 읽고, 인간의 몸 속에 감추어진 여우와 늑대, 그리고 돼지의 피가 상징하는 바를 생각해 보고 글로 써 보자.

....

....

....

....

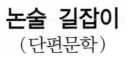

논술 길잡이
(단편문학)

❽ 이 작품집은 톨스토이가 정신적 방황의 위기를 겪은 뒤 어떤 가르침에 의해 쓴 것으로 알려져 있다. 그 가르침은 어떤 정신에 입각해 있으며, 그에게 어떤 영향을 주었는지를 조사해 보고 쓰라.

....

....

....

....

❾ 러시아의 대문호 톨스토이의 다른 대표작들을 찾아 읽어 보고 줄거리를 적어 보자.

....

....

....

....

....

논·술·세·계·대·표·문·학 〈전60권〉

펴 낸 이   정재상
펴 낸 곳   훈민출판사
주   소   경기도 고양시 덕양구 원당동 416번지
대 표 전 화   (031)962-3888
팩   스   (031)962-9998
출 판 등 록   제395-2003-000042호

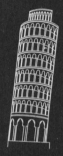